SCHRITT FÜR SCHRITT
REDEN DER AUFGESTIEGENEN MEISTER

Zusammengestellt von Pearl Dorris
Bearbeitet von Peter Mt. Shasta

Aus dem Amerikanischen
von
Reinhold Köglmeier

Bibliografische Information der Deutschen Nationalbibliothek:
Die Deutsche Nationalbibliothek verzeichnet diese Publikation in der
Deutschen Nationalbibliografie; detaillierte bibliografische Daten sind im
Internet über http://dnb.dnb.de abrufbar.

© 2017 Peter Mt. Shasta

petermtshasta@gmail.com
www.i-am-teachings.com
www.ich-bin-lehre.com

Titel der Amerikanischen Originalausgabe:
Step By Step – Ascended Master Discourses
Übersetzung: Reinhold Köglmeier
Lektorat: Susanne Meyer
Umschlaggestaltung: Susanne Meyer

Printed in Germany
Herstellung und Verlag:
BoD – Books on Demand, Norderstedt

ISBN 978-3-74486-406-0

Dank

Ich möchte meinen tiefsten Dank an alle aufrichtigen Schüler des Lichts zum Ausdruck bringen, deren ernsthaftes Begehren die Herausgabe dieses Buches ermöglicht hat, und an die großen Aufgestiegenen, deren Buch dies ist, und deren Hilfe unvermindert war und ist.

– Pearl Dorris, 1977

Ich möchte Yemana Sanders danken für ihre Inspiration und stetige Ermunterung bei der Entstehung dieser neuen Ausgabe sowie Reinhold Köglmeier und Susanne Meyer für eine exzellente Übertragung ins Deutsche und Susanne Meyer für das Grafik-Design.

– Peter Mt. Shasta, 2017

INHALTSVERZEICHNIS

Anmerkung des Herausgebers 9
Eine Anmerkung zum Channeling 11

1. Lebensgesetze, *verschiedene Meister* 15
2. Alles ist Eins, *El Morya* 25
3. Der Mensch – ein Lichtstrahl, *Kuthumi* 29
4. Das Schöpfungsfeuer, *Saint Germain* 37
5. Die Stufen zur Meisterschaft, *verschiedene Meister* .... 45 ✓
6. Eure älteren Brüder und Schwestern, *Saint Germain* 51
7. Gehorsam gegenüber dem Göttlichen Prinzip,
   Serapis Bey 55
8. Die Flamme der Vergebung, *Urlando* 61
9. Leben, Licht. Gott – Alles Eins, *Hilarion* 67
10. Energie und Schwingung, *Der Maha Chohan* 73
11. Wahre Stille, *Die Göttin der Weisheit* .... 77 ✓
12. Eure Schöpferkraft, *Der Venezianer* .... 81 ✓
13. Ihr seid die Ich BIN-Gegenwart, *Verschiedene Meister* 87
14. Beansprucht eure Gottesherrschaft, *Jesus* 93
15. Gelegenheiten klopfen ständig an, *Nada* 99
16. Unschuld – ein Schutz, *Die Göttin der Unschuld* 101
17. Reinheit – ein natürlicher Zustand,
    Die Göttin der Reinheit 103
18. Freiheit, *Saint Germain* 107
19. Ein Elohim kommt der Erde zu Hilfe, *Arcturus* 117
20. Euer Losungswort, *Victory* 119
21. Begegnung mit Saint Germain,
    Ein Brief von Perry Beauchamp. 121
22. Affirmationen der Meister 127

Weitere Bücher von Peter Mt. Shasta 131

ABBILDUNGEN

Der Aufgestiegene Meister Saint Germain 8
Der Maha Chohan 71
Jesus 92

Der Aufgestiegene Meister Saint Germain

ANMERKUNG DES HERAUSGEBERS

Große erleuchtete Wesen, bekannt als Aufgestiegene Meister, die von der Erde hinüber in eine höhere Existenz-Ebene gegangen sind, haben in der Zeit von 1939 bis 1949 auf einer Ranch in der Nähe von Santa Rosa in Kalifornien diese Diskurse an Pearl Dorris und Robert LeFevre durchgegeben. Diese Botschaften wurden telepathisch während Gruppentreffen von bis zu zwanzig früheren Schülern der Saint Germain Foundation empfangen.* Die Worte wurden von Agnes „Sunny" Widell nach bestem Bemühen niedergeschrieben und später mit der Schreibmaschine zu Manuskripten getippt.

Diese Manuskripte wurden 1975 in einer Schachtel auf dem Dachboden von Pearls Heim in Mount Shasta in Kalifornien gefunden, und sie bat Sunny und einige ihrer Schüler, diese für eine Veröffentlichung zu bearbeiten. Die Überarbeitung war nötig, um persönliche Unterweisungen, welche Einzelnen gegeben worden waren, zu streichen sowie sich wiederholende Lehren, die in den zehn Jahren immer wieder gegeben worden waren. Da die Meister oft ohne Unterbrechung sprechen, da sie nicht atmen müssen, war es auch nötig, die Zeichensetzung hinzuzufügen. Die Arbeitsgemeinschaft beriet auch, ob alle ursprünglichen Ausdrücke beibehalten werden sollten, die in der Saint Germain Foundation gebräuchlich waren, die aber heute übermäßig blumig erscheinen. Größtenteils wurde die Sprache beibehalten; und in dieser Ausgabe habe ich einige der Redewendungen modernisiert, um den Text für den heutigen Leser verständlicher zu gestalten. Oftmals wurden Pearls eigene redaktionelle Wünsche ignoriert, um der übereinstimmenden Meinung der Arbeitsgruppe gerecht zu werden, was ich nun auch behoben habe.

---

* Eine tiefergehende Beschreibung finden Sie in: Peter Mt. Shasta, *Lady Master Pearl, In Erinnerung an meine Lehrerin Pearl Dorris*, BoD 2016.

Der langen redaktionellen Bearbeitung müde geworden, übergab Pearl mir 1977 die Diskurse, und überließ mir die Entscheidung, ob ich sie herausgeben möchte. Für den Fall, dass ich sie veröffentlichen würde, bat sie, dies unter dem Namen „M. S. Princess" zu tun, einer Kombination aus den Initialen meines Namens, Mt. Shasta, und der liebevollen Bezeichnung, mit der Saint Germain Pearl gelegentlich ansprach. Sie erklärte, dass M. S. Princess auf diese Weise unsere gemeinsame Arbeit repräsentiere, die sich über viele Lebenszeiten erstreckte hatte. Die erste Auflage wurde 1977 herausgegeben als *Step by Step We Climb*.

Da es den ursprünglichen Verlag, Pearl Publishing, nicht mehr gab und das Buch nicht mehr gedruckt wurde, war ich glücklich, als mich Pearl im Sommer 2016 fühlbar kontaktierte und mich bat, das Buch neu herauszugeben.

Unter der Führung der Meister habe ich in dieser neuen Ausgabe die frühere Bearbeitung berichtigt und sich wiederholende Abschnitte und Kapitel gestrichen. Da diese Diskurse für den Hörer der 1940er Jahre gesprochen worden waren, habe ich einige Sätze entsprechend dem heutigen Sprachgebrauch umformuliert, um die ursprüngliche Absicht der Meister wiederzugeben. Ich bete, dass diese neue Ausgabe vielen den Pfad erleuchten wird.

EINE ANMERKUNG ZUM CHANNELING

Es gibt viele Arten des Channelns, von denen die geläufigste inspirativ ist. Diese ist selbst-veranlasst und kann geschehen, wenn jemand mit einem bestimmten Wesen vertraut ist oder Liebe für es empfindet. Das Individuum kann versuchen, sich einzustimmen und erhält eine inspirierte Nachricht. Dieser Vorgang ist der Art und Weise ähnlich, wie ein Romanautor den Dialog einer Romanfigur schreibt; sobald man mit der Figur vertraut ist, ist es einfach, zu ‚hören', was die Figur in unterschiedlichen Situationen sagen würde. Ein inspiriertes Channeling mag nützliche Informationen enthalten, je nachdem, wie gut die channelnde Person auf das Wesen eingestimmt ist, auf das sie sich konzentriert, oder wie gut sie auf ihr eigenes Höheres Selbst eingestimmt ist. Andererseits kann die Information, auch wenn sie erhebend oder interessant sein mag, völlig falsch sein.

Eine zweite Art des Channelns geschieht, wenn sich die channelnde Person auf die Seele von jemandem einstimmt, dessen physischer Körper verstorben ist, dessen Seele aber noch nicht ins Licht vorangeschritten ist. Diese erdgebundenen Geister sind, auch wenn sie bisweilen Informationen zu geben vermögen, nicht erleuchtet und oftmals arglistig, – manchmal geben sie vor, ein bestimmter Meister oder kosmisches Wesen zu sein. Wer diese Entitäten aufruft, riskiert Einmischungen in sein Leben, ja sogar Besetzung – ganz zu schweigen von dem Karma, das durch das Geben falscher Informationen entsteht.

Eine weitere und gefährlichere Art des Channelns geschieht durch tatsächliche Besetzung des Geistes der channelnden Person, und sogar ihres Körpers, durch die Entität. Das menschliche Ego tritt beiseite und gestattet einer anderen Seele, es zu übernehmen. Kein Aufgestiegener Meister würde so etwas tun, vielmehr sind diese stets bemüht, davon abzuraten, seinen Willen an jemand anderen preiszugeben. Vielmehr ist es ihr Anliegen, Individuen zu stärken, ihre eigene Gott-Gegenwart im Innern zu finden – und ihre eigene Führung direkt von der Quelle zu erhalten.

Die letzte Art des Channelns wird durch den Meister initiiert, nicht durch den Willen der channelnden Person. Der Meister erscheint in ätherischer Form, sichtbar oder unsichtbar, und übermittelt Gedanken durch Übertragung von Geist zu Geist. Gelegentlich wird das Individuum tatsächliche Worte, Sätze oder sogar eine ganze Seite eines Textes aufblitzen sehen. Selbst dann kann die Übertragung immer noch gefärbt sein durch den Geist des Empfängers, abhängig von seiner Schulung, seinen sprachlichen Fähigkeiten, vorgefassten Meinungen und seinem Gemütszustand. Da die Energie der Meister so intensiv ist, dass sie Gedanken und Emotionen verstärkt, kontaktieren die Meister nur jene Individuen, die ihren eigenen Gedankenfluss gereinigt haben und die für diese Interaktion über viele Jahre vorbereitet wurden. Diese Botschaften sind eigentlich immer von spirituell instruktiver Natur, und geben keine nutzlosen Informationen, phänomenalen Vorhersagen oder persönlichen Informationen.

Eine Gefahr bei dieser von den Meistern eingeleiteten Art der Interaktion besteht darin, dass die channelnde Person nach Beendigung der Übertragung versucht ist, weiterhin eigene Botschaften zu geben – vielleicht um Lob oder finanziellen Gewinn zu erlangen. Das kann eine Prüfung sein, um zu sehen, ob der Schüler die Kraft zum Schweigen hat, oder dem Meister Worte in den Mund legt. Trotz ihrer täglichen Kontakte mit den Meistern channelte Pearl nie persönliche Botschaften, sondern half vielmehr, den Tausenden, die zu ihr kamen, ihre eigene Gottes-Flamme zu fühlen und Deren Führung in ihren eigenen Herzen zu finden.

Ich habe im Jahre 1977 diese direkte Art des Kontaktierens durch die Meister erlebt, als ohne einen Wunsch meinerseits Aufgestiegene Meister zehn Tage lang erschienen, und mir auftrugen, ihre Worte aufzuschreiben, (später herausgegeben als *„I AM" the Open Door,* und wie in *Apprentice to the Masters: Adventures of* *a Western Mystic,* Band II, beschrieben*). Worte können die überwältigende Energie dieser Erfahrung nicht beschreiben.

Dieses Buch ist eine Zusammenstellung von Botschaften, die Bob LeFevre und Pearl Dorris empfingen, und beide waren für diese Aufgabe vom Meister Saint Germain vorbereitet worden. Die Gruppe, bei der diese Übertragungen stattfanden, versammelte sich aufgrund Seines Wunsches. Sogar unter diesen günstigen Umständen mögen menschliche Ansichten das Empfangene verändert haben; deshalb betonen die Meister immer, dass man sich letztendlich immer auf die eigene Quelle verlassen muss, um Führung und Endgültige Wahrheit zu erlangen.

---

* Siehe die deutschen Ausgaben; *ICH BIN die Offene Tür*, und *Abenteuer eines Westlichen Mystikers*, Bd. 2, *Im Dienst der Meister.*

KAPITEL 1

Lebensgesetze

verschiedene Meister

Der Mensch in seinem Tun auf diesem Planeten ist zuallererst ein spirituelles Wesen, und dann erst ein physisches Wesen. Die spirituelle Beschaffenheit des Menschen ist nie vollständig definiert worden, da die Mehrheit der Menschen über viele Jahrhunderte ihre Verbundenheit mit der Quelle des Lebens vergessen hat und begann, sich für ziemlich abgetrennt zu halten – jedes Individuum ein separates Wesen. Das ist nicht der Fall, denn der Mensch als Einzelwesen und als Masse ist Eins. Nur im Herzen kann das Individuum dieses Einssein finden, das die Wahrheit aller Dinge ist.

Erlaubt eurer Aufmerksamkeit nicht, von einer Unvollkommenheit in eurer Welt oder der eines anderen festgehalten zu werden, sei es eine physische, mentale oder emotionale Sache. Zieht eure Aufmerksamkeit ab von Unvollkommenheit! Erinnert, das Gesetz war immer, „Worauf eure Aufmerksamkeit gerichtet ist, das zieht ihr in euer Dasein", und die Unvollkommenheit wird da sein, solange ihr sie nicht entfernt, indem ihr nur die Vollkommenheit seht. Das ist einfach, wenn ihr eure Quelle kennt und wisst, dass eure Verbindung mit Gott innerlich ist. Ihr seid ein spirituelles Wesen, Manipulator des Lichts, der Liebe und der Kraft, und nicht ein physisches Wesen, das sich nur des Mangels bewusst ist. Wisset immer:

ICH BIN das, das ich zu werden wünsche.

ICH BIN die Erfüllung meiner Bestimmung

hier auf Erden.

ICH BIN der Sieg des Lichts selbst.

ICH BIN die Herrschende Gegenwart,
die einzieht und überall siegt, wohin ich gehe.
ICH BIN der Sieg des Lebens über den Tod.
ICH BIN der ICH BIN.

Dieses Bewusstsein, dieses Wieder-Einssein[*] mit der Quelle ist die Erlangung der Einsgerichtetheit. Sie ist schwieriger zu erlangen, wenn Individuen ihrer Aufmerksamkeit erlauben, von einer Unvollkommenheit zur nächsten zu irren. Schaut auf die Vollkommenheit, die ihr wünscht zu werden. Haltet eure Aufmerksamkeit auf diese Vollkommenheit gerichtet und lasst die Lebensenergie, die durch euch fließt, sie Wirklichkeit werden!

Kräfte

Im Umgang mit Individuen bedenkt, dass ihr nie nur mit dem Individuum zu tun habt, sondern auch mit den unbewussten Kräften, die durch dieses wirken. Und bedenkt auch, wenn ihr jemandem gegenübersteht, ihr habt jemanden vor euch, der eines Tages ein Meister sein wird, der schon jetzt auf dem Pfad zur Meisterschaft ist. Durch euer Nicht-Reagieren und eure Liebe könnt ihr das Bewusstsein ausstrahlen, das die Kraft beseitigt, die durch diesen gewirkt hat. Hinzu kommt, wenn es in diesem Individuum irgendetwas gibt, das euch nicht gefällt, gibt es eine unangenehme Kraft in eurer eigenen Welt, die ihr beseitigen müsst. Ganz gleich, welche Kraft ihr wirken seht, seid so meisterhaft, dass ihr das Individuum da heraushebt – was ihr nur tun könnt, wenn ihr keine ähnliche Kraft in euch wirken habt, oder irgendein eigenes persönliches Verlangen.

Es gibt nur eine Lösung für diese widrigen Kräfte, und die be-

---

[*] Englisch: Atonement/At-one-ment; Versöhnung, Wieder-Einssein

steht darin, dass ihr eure Aufmerksamkeit auf Gott im Inneren richtet, in der Harmonie bleibt und überwiegend schweigt. Oh, meine Lieben, welch eine Menge Energie ihr verschwendet an einem einzigen Tag durch Reden! Könntet ihr von einem inneren Gesichtspunkt aus schauen, ihr wäret recht erstaunt. Lernt zu schweigen!

Macht Gebrauch von eurer Licht-Wand, eurer Schutz-Wand, energisch und mit Bestimmtheit. Bemerkt ihr, dass eine negative Kraft zu wirken beginnt, ruft sofort die Violette Flamme zu Hilfe und ruft eure Licht-Wand auf. Ruft eure Gegenwart an, dass sie diese Licht-Wand unüberwindbar macht. So werdet ihr euch aus unharmonischen oder negativen Zuständen befreien. Eure Anwendung muss allerdings mächtiger sein als die auf euch gerichtete Kraft. Macht die Anrufung, dass jede negative Beeinflussung gestoppt wird, ungeachtet woher sie kommt.

Diskriminiert euch nicht gegenseitig oder tadelt niemanden, der sich unwissentlich der Kraft geöffnet hat, die ihr unter euch wirken fühlt. Ruft eure Gegenwart an, dass sie eure Aufmerksamkeit von dieser Situation abzieht. Zu viel Aufmerksamkeit wird fehlgeleitet durch Anschuldigungen. Ihr braucht mehr Göttliches und weniger Menschliches. Ihr habt es nie nur mit einem anderen Menschen zu tun; ihr habt es mit Kräften zu tun. Wenn durch einen anderen eine Kraft auf euch einwirkt, beschuldigt nicht dieses Individuum. Diese Kraft kann nicht stark in euch wirken, wenn ihr dieser keine Energie gebt, denn sie hat keine eigene Energie. Ihr könnt eure Aufmerksamkeit meistern, wenn ihr es übt. Zieht eure Aufmerksamkeit ab von menschlichen Wesen und Situationen, werdet eins mit eurer Gegenwart und auf diese Weise Meister. Es gibt keinen anderen Weg. Entweder ihr befolgt diese Regeln, um euch zu meistern, sodass ihr in eurer Welt Vollkommenheit habt, oder folgt weiterhin dem gewohnheitsmäßigen Pfad des geringsten Widerstandes zu fortgesetztem Unglücklichsein.

Durch Meditation auf das ICH BIN im Inneren erschafft ihr

ein Kraftfeld, das euch automatisch vor den zerstörerischen Kräften schützt, die von anderen Individuen ausgehen. Wann immer ihr etwas wahrnehmt, das negativ erscheint, verseht eure Aufmerksamkeit mit Vollkommenheit. Auf diese Weise verstärkt ihr diese negative Energie nicht, sondern bringt nur Vollkommenheit hervor. Das, was ihr hervorbringt, wird schließlich zurückkommen, um sich in eurer Welt zu manifestieren.

Erinnert euch daran, wenn ihr das Verlangen habt, jemandem „gründlich die Meinung zu sagen". Wendet stattdessen eure Aufmerksamkeit nach innen und ruft die ICH BIN-Gegenwart in Aktion, dass sie Ihre Energie durch euch, das störende Individuum, den Zustand und durch die Welt lodern lässt.

Selbstrechtfertigung

Einer der großen Feinde des Fortschritts eines Individuums ist die Selbstrechtfertigung – eine Unehrlichkeit gegenüber dem Leben. Oh, wie viele gibt es doch, auch geschätzte Schüler der Meister, sowie jene, die das Gesetz nicht kennen, wenn diese sehen, dass sie einen Fehler gemacht haben, oder wenn sie sehen, dass sie sich geirrt haben, ihre sofortige Reaktion ist es, zu rechtfertigen, was sie getan haben.

Ist es nicht erstaunlich, dass der Mensch über das Leben nicht mehr gelernt hat, damit er es zur Vollkommenheit bringen kann? Wenn ihr entdeckt, dass ihr einen kleinen Fehler gemacht habt oder etwas wider das Gesetz des Lebens getan habt, freut euch und versucht nicht, Entschuldigungen zu erfinden. Freut euch, dass ihr das Gesetz kennt, dass ihr das Gesetz befolgen könnt; ruft das Feuer der Vergebung an, die Violette Verzehrende Flamme, und dann freut euch und geht euren Weg. Sagt niemals, „Wenn das und das nicht der Fall gewesen wäre, wäre der Fehler niemals passiert". Natürlich wäre er nicht passiert, aber das hat nichts mit euch zu tun. Eure Verpflichtung ist es, eure eigene Welt zu vervollkommen, und ihr werdet das nicht tun können, solange ihr versucht, eure Fehler zu rechtfertigen. Dieses beständige Verlangen auf Seiten der Menschen, zu leugnen, dass sie je einen Fehler machen könnten, ist eine der Ursachen, die sie weiterhin Fehler machen lassen.

Ihr müsst erkennen, dass sich, solange ihr euch in der physischen Oktave bewegt, Fehler immer wieder einschleichen werden. Wahre Vollkommenheit existiert nur im Aufgestiegenen Zustand, in der Oktave des Lichts. Deshalb ist es egal, wie erleuchtet ein Mensch sein mag; solange das individuelle Bewusstsein in der äußeren Welt fokussiert bleibt, ist es möglich, dass sich Fehler einschleichen. Wenn man das weiß, sieht man leicht ein, wie lächerlich es für irgendeinen Menschen wäre, sich vorzumachen, er könne keinen Fehler machen. Doch genau das ist es, was immer wieder und wieder geschieht. Während ihr euren Fortschritt wertschätzt, seid ehrlich zu euch selbst und zum Leben!

Alles ist möglich für den, der im Licht steht. Seht ihr denn nicht, dass es einzig euer eigenes Selbst ist, das euch im Weg steht? Es gibt kein anderes Hindernis. Ihr, als die ICH BIN-Gegenwart, habt vollständige Autorität. Dann nehmt diese Autorität, ergreift das Zepter der Oberherrschaft fest in eure Hand und befiehlt dem Menschen Gehorsam: „Sei still und wisse, ICH BIN hier der Meister". Es ist überwältigend, zu erkennen, dass alles vollbracht werden kann, wenn man genug Liebt; und wenn diese Liebe und Verehrung ausgeströmt wird, zuerst zur Gegenwart als der Großen Quelle des Lebens und dann auf alles Leben, dann stehen die Türen des Universums weit offen, und ihr könnt reisen, wohin ihr wollt, vollständig geschützt.

Das Gesetz des Einen

Das Gesetz des Einen ist das Gesetz der Liebe. Während ihr vorangeht, seht ihr nicht, dass es weder Zeit noch Raum gibt? Wir erleben hier und in diesem Augenblick wirklich das Gleiche, was wir auch in der Zukunft, wie ihr es nennt, erleben werden. Genauso gewiss, wie wir hier versammelt sind, wird der Tag kommen, an dem die Menschheit sich gleichermaßen zusammenfinden wird. Da es keine Zeit gibt, es gibt wirklich nur das Jetzt – ist das der heutige Tag, und dieser Tag kann sich ausdehnen bis zu jenem Tag. Wenn ihr die volle Bedeutung dessen erfasst, werdet ihr das Einssein aller Dinge verstehen. Ihr werdet erkennen, dass sich das Leben ausdehnt. Es ist eine Flamme, die sich in alle Richtungen fortpflanzt. Der Funke ist die Manifestation der Flamme, und diese Flamme ist das Leben, das sich in Vollkommenheit immerwährend erweitert. Wenn ihr erkennt, dass der Funke und die Flamme Eins sind, werdet ihr eure Beziehung zur Mächtigen Flamme des Lebens sehen, und eure Beziehung zueinander als Funken dieser Flamme, zu der ihr eines Tages zurückkehren werdet.

Dienen

Denkt bitte daran, wenn ihr eine Aktion besprecht, dass ihr das begrenzte menschliche Bewusstsein ganz außer Betracht lasst, dann die Gegenwart anruft, damit Sie euch zeigt, wie ihr handeln sollt, um den größtmöglichen Dienst zu leisten. Lasst Dienen euer Losungswort sein, dann wird sich der Weg eröffnen und etwas Hervorragendes wird dabei herauskommen. Ihr könnt es euch nicht leisten zuzulassen, dass irgendetwas, ganz gleich, wie wichtig es erscheinen mag, zwischen euch und dem Dienst steht, den ihr einem anderen erweisen könnt. Denkt aber daran, dass ihr einem anderen nicht helft, wenn ihr ihn nicht auch lehrt, sich selbst zu helfen.

Der Mensch muss beschließen, nichts mehr von dem anzunehmen, das geringer ist als der Vollkommene Plan der Großen Gegenwart des Lebens. Diese Vollkommenheit ist an sich offensichtlich. Die Unvollkommenheit des menschlichen Begriffsvermögens ist an sich auch offensichtlich. Die einzige Möglichkeit, euer menschliches Verstehen in die Vollkommenheit des Lebens anzuheben, ist es, eure Schwingungsrate bis zu dem Punkt anzuheben, an dem sich die menschliche Illusion auflöst und das Verstehen Göttlich wird. Das ist ein einfacher Vorgang bei der Meditation, jedoch einer, der möglicherweise jahrelange Praxis erfordert, bis er wirkt. Es ist jedoch für jeden aufrichtigen Schüler unerlässlich, der auf dem Weg zur Meisterschaft vorankommen will.

Denkt daran, ihr dient den Großen, ihr dient dem Leben selbst. Wendet euch nie ab vom Dienst am Nächsten. Wahres Dienen ist Dienst für die ICH BIN-Gegenwart, ganz gleich, wie es sich manifestiert. Deshalb ist euer Dienst am Nächsten ein Dienen für Gott. Ergießt eure Liebe zuerst zur ICH BIN-Gegenwart, und dann zur Gegenwart allen Lebens, ganz gleich, wo ihr es vorfindet. Dienen, meine Lieben, ist Liebe, denn Liebe ist die Essenz des Lebens. Nehmt euch Zeit zum Lieben.

Jedes Mal, wenn ihr einem anderen Bruder oder einer anderen Schwester die Hand zur Hilfe reicht im Licht, leistet ihr einen Dienst; und indem ihr dient, erweitert sich euer Bewusstsein. Jedes Mal, wenn ihr einem anderen helft, erlangt ihr größeres Verständnis, Frieden, Ausgeglichenheit und Fähigkeit. Jener, der aufrichtig und von ganzem Herzen dem Leben dient und der Großen ICH BIN-Gegenwart und der Großen Schar Aufgestiegener Meister, hilft der ganzen Menschheit und zahlt so seine Schulden an das Leben zurück.

Glaubt nie, euch auf andere verlassen zu müssen, denn das Licht, das euer Herz schlagen lässt, ist die Unbegrenzte Kraft Gottes, die ICH BIN, die euch zu einem strahlenden Wesen der Kraft Gottes machen wird.

Wenn es euer Verlangen ist, dem Licht zu dienen, der Menschheit zu dienen – wenn das euer alleiniger Beweggrund ist – dann könnt ihr euch in der Tat glücklich schätzen, und nichts kann euch etwas anhaben. Aber wenn es auch nur ein einziges unbekanntes Ding gibt, vielleicht ein schlummerndes Verlangen nach einem Vorteil auf Kosten eines anderen, ein Verlangen, Lorbeeren zu ernten, ein Verlangen nach Gewinn, Macht, Einfluss, Neid auf den Fortschritt eines anderen, oder irgendeine selbstsüchtige Eigenschaft, dann muss ich euch schlicht und einfach sagen, dass euer Verlangen zu Bitternis werden wird, und es wird euch genau die Sache genommen werden, die ihr begehrt.

Wegweiser

Jede Sekunde in dieser Verkörperung kann mit transzendentem Dienen für die Menschheit verbracht werden. Ihr müsst nicht predigen oder Wunder vollbringen. Alles, was ihr tun müsst, ist, dem Gesetz entsprechend zu leben, und es so schön zu leben, dass ihr andere anregt, es gleichermaßen zu tun.

Für jede selbstlose schöne Sache, die ihr tut, ergieße ich einen nicht endenden Strom meiner Liebe über euch; aber wenn ihr darauf beharrt, eure Energie zu verschwenden, indem ihr eure Aufmerksamkeit auf Dinge von geringem Wert richtet, ihr darauf beharrt, zu streiten und untereinander Fehler zu sehen, dann kann ich euch nicht helfen. Ich helfe jenen, die sich mir nahe fühlen, die mich lieben und erkennen, ICH BIN in ihnen.

Ganz gleich, ob ihr wisst, dass ich real bin, oder nicht, es sind diese Worte real. Also beachtet sie und lernt, euren Geist zum Schweigen zu bringen. Lernt, einen immerwährenden Strom der Liebe auf alle Dinge zu ergießen, in Harmonie und Frieden miteinander zu leben. Dann werden alle, die in euren Strahlungsbereich kommen, eure Liebe aufnehmen und mit euch das Neue Goldene Zeitalter hervorbringen.

Ihr braucht kein Wunder, um zu begreifen, dass diese Gesetze wahr sind. Ihr seid selbst ein Wunder, und diese großen herrlichen Wahrheiten sind eure Wegweiser auf dem Weg des Lebens. Wenn ihr auf diese Weise sicher auf diese großartige Straße der Meisterschaft gelangt seid, diese mächtige Schnellstraße, die zum Ewigen Reich des Lichts führt, warum eurer Aufmerksamkeit noch erlauben, sich an äußere Zustände zu heften? Verbannt diese Illusionen wie eine giftige Schlange, und wendet eure Aufmerksamkeit der Gegenwart zu. Nehmt Ihren Segen an, der in euer Herz strömt und eure Welt mit Licht erfüllt. Weigert euch,

Dualität und alle anderen menschlichen Begrenzungen anzunehmen. Manifestiert vollständige Meisterschaft über euren physischen Körper und auch über euren mentalen Körper. Befehlt ihnen, in die Göttliche Ordnung zu kommen, durch die Liebe, die aus eurem Herzen strömt.

Die Dinge, die ihr beschlossen habt zu tun – tut sie vollkommen. Sofern ihr euch als Teil Gottes begreift, müsst ihr zusehen, dass Gott nicht für eine Belanglosigkeit in Anspruch genommen wird. Akzeptiert eure Verantwortung als Gott-Wesen. Ihr werdet nur vorankommen, wenn ihr eure Verantwortung annehmt. Verantwortung in Weisheit angenommen, erweitert das Licht des Individuums, das dieses Angebot annimmt.

Vergesst nicht, ihr seid Schöpfer, erschaffen nach dem Bild und Gleichnis Gottes. Ihr könnt nicht mehr erschaffen helfen, als ihr dem Leben helfen könnt, denn ihr seid Leben; und euer Leben ist die Schöpferkraft. Denkt darüber nach, und dann strengt euch an wie nie zuvor. Haltet euch nicht zurück, bis sich eine Gelegenheit auftut, sondern ruft eure ICH BIN-Gegenwart an und prescht vor.

Das Große Gesetz des Lebens ist auch das Gesetz der Gerechtigkeit und das Gesetz des Ausgleichs, das überall auf der Erde unveränderlich herrscht, und Es hat bestimmt, dass ihr eure Illusionen besiegen müsst, mit beiden Beinen fest auf dem Boden steht und dem Großen Flammenden Licht eurer eigenen Gegenwart ins Auge schaut.

KAPITEL 2

ALLES IST EINS
El Morya

Einer der ersten und wichtigsten Schritte, die ein Sucher auf dem Pfad zum Licht tun muss, ist es, das Einssein zu verstehen. Alles im unmanifestierten, ja selbst im manifestierten Zustand, ist Bewusstsein. In dem Wissen, dass alles Bewusstsein ist, könnt ihr durch die Verbindung mit der Inneren Flamme des Lebens alle Schöpfung beeinflussen. Eine Handlung oder nur ein Gedanke irgendwo, erzeugt eine entsprechende Reaktion irgendwo zu irgendeiner Zeit. Das gilt für die äußere physikalische Welt als auch für die innere. So wird die Menschheit regiert durch ein Gesetz von Ursache und Wirkung, Aktion und Reaktion.

Denkt gut darüber nach und akzeptiert eure Verantwortung für jede eurer Handlungen, jeden Gedanken, jedes Gefühl und gesprochene Wort. Wenn ihr eine Strahlende Sonne der Güte werdet, wird die ausgesandte Liebe als großer Segen zu euch zurückkommen. Wenn ihr andererseits eine unfreundliche Handlung begeht, einen kritischen oder unfreundlichen Gedanken oder ein kritisches oder unfreundliches Gefühl habt, erntet ihr entsprechende Ergebnisse.

Das Verstehen, dass Liebe, Licht, Gott und das ICH BIN eins sind, ermöglicht euch, zum Meister voranzuschreiten. Sobald ihr euch nach Innen wendet und sich euer inneres Bewusstsein entfaltet, werdet ihr die Welt der Erscheinungen verlassen und den Bereich der Wirklichkeit betreten, wo ihr eure Gedanken manifestieren könnt.

Der erste Schritt ist, STILL ZU SEIN und zu wissen, ICH BIN ist Gott. Nur in der Stille könnt ihr eure Aufmerksamkeit nach innen wenden. Dann wird, in dieser meditativen Stille, der Kontakt zu eurer ICH BIN-Gegenwart erfolgen. Ihr könnt das nicht von anderen bekommen; es kommt nur von eurem Verlangen nach dem Licht eures eigenen Großen Gott-Selbst, das ihr in und über euch findet. Wenn ihr ausreichend über diesen Inneren Zugang meditiert, werdet ihr eure eigene Herrliche Gott-Gegenwart sehen, das Große ICH BIN, und auch der Hilfe gewahr werden, die euch die Aufgestiegenen Meister geben.

In der Gelassenheit eures eigenen Bewusstseins zu verweilen, mit der ganzen Macht fortwährend fließender Göttlicher Liebe, ist Meisterschaft. Die Aufrechterhaltung dieses Bewusstseins wird euch in den Aufgestiegenen Zustand bringen. Auch wenn ihr Befreiung erlangen mögt, ihr seid kein Meister, bis ihr euch das durch eure eigene Leistung verdient.

Der Grund für das Leben, sich in der Welt auszudrücken, ist die Erweiterung des Bewusstseins. Diese Erweiterung beginnt zuerst mit der Liebe der Gottes-Flamme im Inneren, dann mit der Liebe für die Gott-Flamme in allen Dingen. In Wirklichkeit sind sie beide ein und dasselbe, denn alles ist Eins. Alle Substanz überall im ganzen Universum ist Bewusstsein oder Licht, und dieses Licht-Bewusstsein bewegt sich in großen Kraftströmen in Richtung eines jeden Individuums, das „ICH BIN" sagt. „ICH" zu sagen, ist die Bestätigung eurer eigenen Individualität, die Bestätigung, dass ihr eine Existenz habt, die Bestätigung der Lokalität dieser Existenz; und „ICH BIN" zu sagen, ist die Freisetzung der Vollständigen Macht des Lichts und des Bewusstseins überall im Universum, gemäß eurem Willen.

Ordnung und Gleichgewicht sind das Gesetz des Universums. Lernt, diese Ordnung und dieses Gleichgewicht jederzeit zum Ausdruck zu bringen, denn das ist die einzige Möglichkeit für die Aufgestiegenen Meister, mit und durch euch zu arbeiten. Auch wenn ihr bemerkenswerte Talente haben mögt, ihr müsst Ordnung und Gleichgewicht aufrechterhalten, um Meisterschaft zu manifestieren.

In einem anderen Menschen Unvollkommenheit wahrzunehmen, zeigt an, dass ihr selbst euer Ziel nicht erreicht habt. Es ist die Pflicht eines jeden, in jedem Vollkommenheit zu sehen. Eure äußere Wahrnehmung mag leugnen, dass Vollkommenheit da ist, dennoch, wenn euer Bewusstsein erweitert ist, werdet ihr die Vollkommenheit sehen. Es liegt an euch, dieses Bewusstsein zu erlangen

Eine der größten Segnungen, die ihr geben könnt, ist es, die ICH BIN-Gegenwart in Aktion zu rufen, um Vollkommenheit in jeder Person, jedem Ort, jedem Zustand oder jeder Angelegenheit freizusetzen. Es ist nicht von Bedeutung, ob ihr es sehen könnt. Indem das Gewahrsein der Vollkommenheit wächst, schwindet das Gewahrsein der Unvollkommenheit. Ihr müsst die Dunkelheit nicht zerstören. Wenn genügend Licht da ist, verliert die Dunkelheit ihre Existenz. Also, nehmt niemals die Unvollkommenheit in einem anderen wahr. Gespräche über ihn sind nie konstruktiv, wenn sie nicht freundlich sind. Über seine scheinbaren Unfähigkeiten, Defizite und sein Versagen zu diskutieren, intensiviert diese und zieht solche Qualitäten auch in euch hinein. Seht nur das Licht, und erweitert seine Wirkung. Das ICH BIN-Bewusstsein zu kennen, zu fühlen, darin zu leben und es zu sein, öffnet die Tür zu Ewiger Freiheit.

Die Meister strahlen Energie aus und richten ihr Bewusstsein auf ihre Schüler. Sollte der Schüler Chaos erleben oder emotionale Aufwühlung, wird diese Strahlung weiter und immer wieder hervorgebracht werden. Wir, die wir als die Älteren Brüder und Schwestern der Menschheit dienen, lassen niemals nach in unserem Dienst für euch. Wir sind immer geduldig, freundlich und nachsichtig. Ihr könnt nicht dauerhaft versagen. Es gibt nirgendwo dauerhaftes Versagen. Der einzige Garant für Versagen ist, wenn jemand willentlich eine Anstrengung verweigert.

Da es unsere Domäne ist, zu den müden und verwirrten Kindern auf diesem Planeten Vollkommene Ausgeglichenheit zu bringen, Vollkommenes Licht, Vollkommenes Verstehen und die Aufgestiegene Meister-Aktivität, wünsche ich, dass sie diese meine Worte haben. ICH BIN ist das Leben in jeder Form. Das ICH BIN fühlen zu können, bedeutet, die Verantwortung, die ihr für das Leben habt, anzunehmen. Wenn ihr diese Verantwortung in Freude annehmt, werdet ihr beginnen, das zu leben, was man „ein reicheres Leben" nennt.

Werdet still, und richtet eure Aufmerksamkeit nach innen. Fühlt, wie das Licht euch und eure Welt erfüllt. Jetzt richtet eure Aufmerksamkeit nach oben und anerkennt die Quelle dieses Lichts, die Unendliche ICH BIN-Gegenwart. Praktiziert dies regelmäßig und ihr werdet nicht nur von der Illusion befreit werden, sondern werdet große Liebe ausströmen zu allen, mit denen ihr in Kontakt kommt.

Oh, Du Glorreiche, Mächtige, Immerwährende, Ewige, Du Unauslöschbare Flamme, Du Strahlende Sonne, treibe weiter auf Deinen schlanken durchdringenden Strahlen deiner Herrschaft die Einsicht in das Leben, auf dass es die Gemüter, die Gefühle und die Welten der Menschen überall durchdringen möge. Die Menschheit muss, wenn sie überleben will, wissen und beanspruchen, ICH BIN.

KAPITEL 3

DER MENSCH – EIN LICHTSTRAHL
Kuthumi

Aus dem Herzen der Schöpfung, der Großen Zentralsonne, entspringt ein Lichtstrahl. Dieser Strahl manifestiert sich im Raum als ein Brennpunkt der Liebe, und teilt sich dann in zwei Strahlen auf. Sie strahlen vorwärts und seitwärts, und bilden schließlich die physischen Körper von Mann und Frau. In Liebe geboren, leben sie ein Leben in Liebe, und kehren zurück zu gegebener Zeit – nachdem sie wahre Liebe ausgedrückt haben – zur Fülle, aus der sie gekommen waren. So ist jedes Individuum auf diesem Planeten ein Kind des einen Gottes, ein Wesen, geboren aus einem Strahl. Der Strahl selbst ist wirkende Liebe, und auf diesem Strahl wird er durch alle weltlichen Erfahrungen geführt. Die Individuen sind nie auch nur einen Augenblick von ihrer Quelle getrennt, denn sie können sich nicht von dieser Zentralsonne lösen, deren Strahlen sie sind.

Wenn ihr in das Bewusstsein eintretet: ICH BIN ALLE Dinge, bemerkt ihr, ICH BIN (ist) nicht nur alle manifestierten, sondern auch alle unmanifestierten Dinge. ICH BIN alle Dinge, die ich sein will. ICH BIN alle Dinge, die ICH BIN. ICH BIN eins mit der Großen Zentralsonne. ICH BIN der Strahl, der aus dem Herzen Gottes kommt. ICH BIN mein Geist, Körper, und meine Gefühle in vollkommenem und harmonischem Wirken. Es gibt nur eine Quelle der Liebe, eine Quelle der Weisheit, eine Quelle der Kraft, und ICH BIN diese eine Quelle.

Liebe drückt sich im ganzen Universum unaufhörlich aus. Sie ist die Kraft, die alle Dinge aufbaut, die Kraft, die diese Dinge unterhält, und auch die Kraft, die alle Dinge auflöst. Sie selbst ist Schwingung, die eigentliche Essenz, aus der alle Dinge zusammengesetzt sind. Bei vollständigem Verstehen der Liebe werdet ihr erkennen, ICH BIN alle Dinge. In diesem unbegrenzten Bewusstsein erhebt ihr euch in den Aufgestiegenen Zustand.

Es gibt kein großes Getrenntsein zwischen der Menschheit und uns, denn wir haben uns aus der Menschheit entwickelt. Wenn man ein begrenztes Bewusstsein beibehält, wird man um sich herum nur jene Dinge sehen, die begrenzt sind, die Erscheinungswelt von Gut und Böse. Wenn man das unbegrenzte Bewusstsein erlangt, wird man in das Herz des ICH BIN eintreten und alles, das sich manifestiert, als Göttliche Ordnung sehen.

Wenn man eine andere Kraft als die Gotteskraft akzeptiert, dann gibt man den Erscheinungen Kraft. Solltet ihr irgendein Individuum etwas tun sehen oder sagen hören, das nicht vollkommen zu sein scheint, akzeptiert diese Erscheinung nicht, und wisst, es gibt nur einen Gott, der wirkt – ICH BIN. Das Gesetz des Einen ist das Gesetz, das dieses Universum entstehen ließ und das es weiter ausdehnen wird. Dieses Gesetz ist: Es gibt nur eine Kraft, und diese Kraft ist Liebe.

Um diese Liebe wirken zu lassen, schickt ein Gefühl der Liebe als einen Lichtstrahl vor euch her, und ihr werdet euch frei durch die Erscheinungswelt bewegen können, unberührt von irgendwelchen negativen Erscheinungen. Alle Dinge können durch Liebe erreicht werden. Geliebte Kinder, zu dieser Zeit und in dieser Stunde müsst ihr mehr Liebe geben als je zuvor in der Geschichte der Menschheit. Nicht Urteile oder Kritik werden gebraucht, sondern das Geben von Liebe, damit sie ohne Urteil fließt – einfach fließt und segnet. Ausreichend Liebe ist die einzige Kraft, die die Menschheit aus ihrem gegenwärtigen Chaos herausheben kann. Dauerhaften Fortschritt kann es nur geben, wenn diese Liebe in allem gesehen wird.

Eure Aufmerksamkeit sollte auf den Einen gerichtet sein, statt auf die Persönlichkeiten, die über den Einen reden. Wahrheit ist universell und kann aus dem Mund eines Kindes kommen als auch aus dem Mund eines, der alt erscheint. Dies ist die Wahrheit aller Zeitalter, die die Menschheit durch allen Gestank von Zeit und Raum geführt hat. Alle Dinge sind Bewusstsein. Alle Formen sind Ergebnis des bewussten Wirkens des ICH BIN. Diese Wahrheit gehört keiner Gruppe, keiner Sekte oder Nation, sondern gehört jedem; und sie wird von jedem ausgedrückt, gemäß seinem inneren Verstehen.

Wenn dieses Gesetz des Einen vergessen und die Aufmerksamkeit der Erscheinungswelt zugewandt wird – dem instabilen Treibsand der Materialität – dann wird das Gesetz von Aktion und Reaktion in Gang gesetzt, was ihr Karma nennt. Obwohl dieses Karma auch das Wirken der Liebe ist, setzt es einen schmerzhaften Kreislauf in Gang, der schließlich Unwissenheit auflöst, sodass Weisheit zutage treten kann. Nur durch das Eintreten in die Fülle des Einen Bewusstseins kann das Individuum oder die Nation der Zerstörung entkommen, die einer Neugeburt vorangehen muss. Diese Neugeburt kommt; wenn eine ausreichend große Anzahl Menschen aufhört, auf das Äußere zu schauen und stattdessen in die Stille der Großen Ruhe eintritt – dann wird dieser Übergang von der Dunkelheit in das Licht mit der ruhigen Schönheit sich entfaltender Blütenblätter einer Rose geschehen.

Überall könnt ihr Individuen beobachten, die aufgehetzt werden, um sich über etwas zu ärgern, um gegen dies oder für jenes zu kämpfen, aber das ist nicht das Gesetz des Lebens, denn das Gesetz des Lebens ist Liebe. Da alle Dinge Liebe enthalten, ist es folglich nicht ein Teil der Liebe, eine Person gegen die andere aufzubringen. Kein Individuum hat ein Recht, einem anderen zu befehlen, wie es zu handeln hat. Bei der Herstellung der Neuen Ordnung wird nur die Kraft der Liebe herrschen; und diese Kraft wird, wenn sie richtig ausgedrückt wird, das Individuum zur Quelle zurückführen.

Die ICH BIN-Unterweisung, die Saint Germain gebracht hat, muss ausgedehnt werden, was nur durch Eintreten in das Einssein erreicht werden kann, in die Fülle des Wirkens Göttlicher Liebe. ICH BIN ist der erste Strahl, der aus der Großen Zentralsonne heraustritt. Auch wenn sich der Strahl in zwei Strahlen aufgeteilt hat, gibt es wirklich kein Getrenntsein. Dieses anscheinende Getrenntsein kam zustande, damit Liebe ausgedrückt werden konnte; die beiden werden sich schließlich wieder zu Einem vereinigen.

Liebe ist Wachstum und Ausdehnung – das ständige Freisetzen von Licht durch das Individuum, um sich von dem Alten loszureißen und in das Neue einzutreten. Individuen, Religionen und Gruppen, müssen sich von dem Gefühl trennen, nur sie hätten das alleinige Wissen oder den einzig richtigen Weg für die Menschheit. Von meinem Standort aus habe ich die Aktivitäten der Religionen und Philosophien einer jeden Nation angeschaut, und ich habe gesehen, wie widerstrebend die Individuen ihre eigene Göttlichkeit akzeptieren und ihren bescheidenen Platz in der kosmischen Ordnung erkennen. Individuen lösen sich nur ungern von Altem; doch das Innere Licht zwingt sie, sich zu entwickeln, zu größerem Verständnis voranzuschreiten, und neue und herrlichere Dinge hervorzubringen, die für sie selbst und andere ein Segen sind.

Es ist nicht möglich, einen Zaun um das Bewusstsein zu legen. Das würde anzeigen, dass zwei Kräfte wirken, wenn es in Wirklichkeit nur Eine Kraft gibt. Diese Eine Kraft ist die Liebe. Aus dieser Einen Kraft geht alles hervor, und in dieses Einssein kehren alle Dinge zurück. Haltet dieses Bewusstsein aufrecht und tretet durch die offene Tür ein, die niemand, keine Kraft, keine Meinung schließen kann.

Regierungen, Kirchen, Schulen, Organisationen und Lehren aller Art müssen sich dieser Ausdehnung des Lichts in diesem Neuen Goldenen Zeitalten beugen. Dieses Licht ist mächtig, kennt keinen Gegensatz, anerkennt nur sich selbst, und das Individuum, das dieses Licht in diesem Neuen Goldenen Zeitalter trägt, geht als ein großes gleißendes Leuchtfeuer der Liebe voran. Ganz gleich, was gesagt wird, dieses Individuum geht immer vorwärts, lässt sich auf keinen Streit ein, wechselt nie die Seiten.

Der Meister-Christus in jedem von ihnen erkennt die Dualität nicht an und ergreift nicht Partei, sondern sieht immer nur den Einen, sieht in jedem Problem eine Gelegenheit zur Erweiterung des Bewusstseins.

Der lenkende Geist im Inneren sagt nicht, „Dieses Individuum hat sich mir in den Weg gestellt", oder, „Diese Situation muss geändert werden", sondern das Höhere Bewusstsein befolgt nur das Eine Wahre Prinzip des Lebens, das ICH BIN. Da es nur dieses Eine sieht, ist jede Situation, jedes Individuum, nur das offene Tor zu größerer Expansion der Liebe.

Viele wissen nicht, wie man diese Liebe gibt, glauben, sie ist ein Merkmal der Sinne und Emotionen. Göttliche Liebe ist die Allumfassende Flamme der Schöpfung, der Funke des Lebens, die Ungespeiste Flamme in jedem, die zu einem tosenden Flächenbrand entfacht werden kann, wenn die Aufmerksamkeit nach innen und oben gewendet wird, zur Blendenden Gott-Gegenwart, die ICH BIN. Diese Gegenwart ist Liebe, und nur aus dem Herzen Aller Liebe kann weitere Liebe hervorkommen.

Um irgendetwas zur Manifestation zu bringen, haltet inne, dann erkennt den Einen in Euch, und dann wisset,

ICH BIN ein Lichtstrahl und energetisiere das geistige Bild von dem, was ich mir wünsche.

Haltet dieses Bild in eurem Bewusstsein fest, ruft einen weiteren Lichtstrahl aus euren Gefühlen hervor, ergießt auch ihn in euer mental gehaltenes Bild, und lenkt die elektronische Strömung eures Gott-Selbst auf das, was ihr erschaffen wollt.

Um zu erschaffen, müsst ihr Verlangen haben, denn Verlangen ist die Handlung, durch die Wachstum geschieht. Ohne Verlangen gibt es nichts. Das Individuum, das behauptet, sein Verlangen zu verlieren, zerstört sich selbst. Jedoch das Individuum, das dem Verlangen nachgibt, zerstört sich auch. Verlangen ist die gemeinsame Handlung der mentalen und fühlenden Welt, was unvermeidlich klar umrissene, genaue Ergebnisse hervorbringt. Das Verlangen in das Einssein mit der göttlichen Liebe zu erheben, bedeutet, nur für einen Zweck zu leben, und das ist zuerst, dem Gott-Selbst zu dienen, und erst dann all den anderen Anteilen deines Gott-Selbst, ungeachtet der Erscheinung oder vorübergehenden Form, in welcher sich dieses Gott-Selbst gerade manifestieren mag.

Dinge einzig und allein nur für sich selbest zu verlangen, etabliert zwei wirkende Kräfte, das Selbst und die anderen. In dem Verlangen zu dienen solltet ihr euch ganz verlieren, damit ihr selbstlos werdet. Wenn ihr auch nur eine Spur von Verlangen habt, auf Kosten anderer zu profitieren, dann wird dem Ausmaß eurer Selbstsucht entsprechend dieser Dienst nicht erfolgreich sein. Ihr müsst alles Verlangen ausreißen, das eure Interessen über die von anderen stellt. Erweitert euer Verstehen, indem ihr in Meditation geht über das Einssein mit der ICH BIN-Gegenwart. Dann werdet ihr Eins mit allen Dingen – fähig, anderen zu dienen, ohne euch selbst voranzustellen. Indem ihr selbstlos werdet, werdet ihr ICH BIN in Aktion.

Sagt in Meditation oftmals mit vollem Bewusstsein:

ICH BIN Licht! Licht! Licht!

ICH BIN Liebe! Liebe! Liebe!

ICH BIN Gott! Gott! Gott!

ICH BIN der ICH BIN der ICH BIN!

Leben ist Geben. Um würdig zu geben, müsst ihr euch disziplinieren, sodass es kein Selbst gibt – nur das große ICH BIN, in jedem Akt des Gebens. Selbstloses Geben ist der Schlüssel zum ewigen Leben.

Geht voran und singt die Schöpfungshymne ICH BIN. SEID dieses ICH BIN. Strebt nicht danach, andere zu kontrollieren, sondern wendet eure Aufmerksamkeit nach innen, um der Neuen Rasse der Gott-Wesen anzugehören. Schiebt alle menschlichen Dinge beiseite, damit die Wahrheit eures Wesens euch freisetzen kann. Seid glücklich in dem, was ihr tut, und strömt eure Liebe aus. Diese Liebe wird den Weg klären, denn Liebe ist die Macht der Schöpfung.

Oh Du Allgegenwärtiger Lebendiger Lebensstoff, Du Göttlicher Christus, das ICH BIN-Prinzip jeder individualisierten Gott-Flamme, demütig bekennen wir uns zu Deiner Einheit, Deiner Mächtigen Kraft des Wirkenden Lichts. In Gehorsam nehmen wir Dich an, denn Du bist Alles in Allem. Lass Deine Mächtigen Myriaden Lichtstrahlen der Liebe die Menschheit umfangen und erhebe jeden in Dein Einssein.

KAPITEL 4

Das Schöpfungsfeuer
Saint Germain

Geliebte, die ihr in vergangenen Zeitaltern mit mir zusammen wart und nun wieder meine Schüler seid, ich wünsche, dass ihr versteht, dass diese Aktivität, die ich der Menschheit gebracht habe, genau die gleiche ist, wie sie es vor tausenden Jahren war, und die Aktivität ist, die sie immer sein wird. Sie ist nicht nur kosmisch, sondern auch pragmatisch, und wird, wenn sie ernsthaft angewendet wird, praktische Ergebnisse bringen. Deshalb ist es wichtig, an eure ICH BIN-Gegenwart zu denken, und ihren Ort über eurem physischen Körper. Der Zugang zu dieser Gegenwart ist jedoch in eurem Herzen. Allein dadurch, dass ihr das in eurem Bewusstsein habt, erweist ihr jenen um euch bereits einen großen Dienst.

Diese Lehren wurden für die Erdenkinder für den speziellen Zweck herausgegeben, ihre Schwingungsrate und ihr Bewusstsein anzuheben, um sie für die neue Zivilisation vorzubereiten, die sich schon jetzt vor ihnen entfaltet.

Meine Aktivität hat nichts mit Religion zu tun, sondern mit dem spirituellen Verständnis der Menschheit. Es gibt nichts Wichtigeres, als euren Geist zu beruhigen und das Bewusstsein der ICH BIN-Gegenwart zu übernehmen, die eure reale Natur ist – eure individualisierte Quelle Gottes in Tätigkeit.

Ihr Gesegneten, mindestens dreiviertel eurer Energie wird von euren Gefühlen und Emotionen verbraucht. Wenn ihr einmal lernt, sie zu beruhigen, werdet ihr Zugang zu all dieser frei gewordenen Energie haben, und somit die Mittel, euch zu allen Zeiten zu schützen. Also ruft die Gegenwart an, eure Gefühle zu harmonisieren und sie in der Harmonie zu halten; so werdet ihr ein großes Momentum an Ruhe, Frieden und Gelassenheit aufbauen, das rasch so stark werden wird, dass euch keine menschliche Störung auch nur für einen Augenblick aus dem Gleichgewicht bringen kann.

Wenn eure Gefühle schon durcheinander geraten sind, und ihr die Kontrolle wiedererlangen wollt, reißt euch los von der Situation, der ihr gegenübersteht. Werdet ruhig, wendet eure Aufmerksamkeit nach innen zu eurer ICH BIN-Gegenwart und bittet um Erleuchtung, um die Wahrheit jener verwirrenden Situation zu erkennen. Wenn dann die Erleuchtung kommt, werdet ihr die Ursache für eure Reaktion erkennen. Wenn eure Gefühle beginnen, wieder in Harmonie zu kommen, geht im Geiste in die Situation zurück, wo die Verwirrung stattfand, und ruft dort eure ICH BIN-Gegenwart um volles Verstehen an. Bittet die Gegenwart, alle negativen emotionellen Strukturen zu beseitigen und eure Gefühle zu harmonisieren, damit diese illusionäre Bedrohung nie wieder die Kraft hat, euch durcheinanderzubringen.

Wenn ihr die Reinigung eurer Emotionen nicht anfordert, seid ihr ihnen ausgeliefert. Wurden sie einmal energetisiert, werden sie weiterwirken, manchmal noch Tage, nachdem der Vorfall schon vergessen ist. Ihr werdet euch gut fühlen, obwohl, von euch unerkannt, noch etwas in euren Gefühlen wirken mag, dessen ihr euch nicht bewusst seid. Dann geschieht plötzlich etwas, das euch aus der Fassung bringt, wie z.B. ein Unfall, verursacht durch die Störung eurer Gefühle, die sich zwei oder drei Tage zuvor ereignete.

Ihr könnt euch nur dann in die Oktave Aufgestiegener Meister erheben, wenn ihr über eure drei Kapazitäten herrscht: Aufmerksamkeit, Vorstellung und Beeigenschaftung (Diese Merkmale bringen Dinge zur Manifestation). Jedes Individuum wird, indem es seine ICH BIN-Gegenwart in Aktion ruft, oberster Herrscher über seine Welt. Keine Person, keine Situation, keine Sache kann dazwischenkommen, wenn er oder sie aufrichtig ist, und stetige Anwendung macht.

Ihr werdet feststellen, dass die Individuen, die in der heutigen Welt eine solch große Zerstörung verursachen, jene sind, die nicht gelernt haben, das Licht der Gegenwart einzusetzen, sondern stattdessen Emotionen aus der Gefühlswelt. Das ist der Grund, warum Individuen kurzzeitig die Kraft haben, Zerstörung zu verursachen, denn ohne auf das Licht Gottes zu warten, auf dass ihr Geist erhellt werde, setzen sie die üble Energie von durcheinander gebrachten Gefühlen frei, die mit enormer Kraft wirkt. Daher ist es absolut unerlässlich, dass ihr über eure Gefühle herrscht.

Vergesst nicht, ihr habt es mit Kräften zu tun; also seid tolerant gegenüber jenen, die von diesen Kräften benutzt werden. Die Kraft, die durch euch wirkt und jemanden durcheinanderbringt, wird durch diesen anderen zurückkehren und euch durcheinanderbringen. Nur Wenige sind sich der Kraft bewusst, die durch sie wirkt, bis sie sehen, wie sie jene in ihrer Umgebung beeinflusst. Diese vielfältigen Kräfte, denen die Menschen erlauben, durch sie hindurchzugehen, mag einige in Mitleidenschaft ziehen, andere aber nicht. Wenn Gefühle durcheinandergeraten, bleiben die Menschen verstimmt und ihre verwirrten Gefühle stauen sich auf, bis sie durch etwas aufgeschreckt werden. So sehen wir, wie die Menschheit an einem riesigen Stau von falsch qualifizierter Emotion leidet, bis sie durch etwas schockiert wird, sodass sie aufwacht. So lange ihr es zulasst, dass eure Gefühle von irgendeinem Individuum durcheinandergebracht werden, werdet ihr nie über eine bestimmte Stufe hinauskommen.

Ihr seid gesegnet, da ihr wisst, dass ihr jedes Mal, wenn ihr eure ICH BIN-Gegenwart zur Aktion aufruft, einen dauerhaften Schritt zur Meisterschaft macht. Freut euch über diese Macht des Lichts, das euer Herz schlagen lässt! Ihr sollt wissen, dass wir zu euch stehen, wenn ihr das Lebensideal Aufgestiegener Meister annehmt. Wenn ihr euch dafür entscheidet, dem Pfad zu folgen, der euch zu diesen Idealen führt, so geht ihr an unserer Seite. Wenn ihr die ganze Herrlichkeit eurer Gegenwart annehmt, werdet ihr mitten unter uns aufsteigen.

Sorgt euch nicht um die Handlungen der Menschheit, denn

die ICH BIN-Gegenwart ist die einzige Kraft im Universum, und vor Ihr müssen alle Dinge in die Ordnung kommen. Zu keiner Zeit gibt es irgendeinen Grund oder irgendeine Ausrede, zuzulassen, dass Gefühle des Zweifels eure Gefühlswelt beeinträchtigen. Bringt diese Zweifel und Ängste zum Schweigen und geht voran, dem Sieg entgegen! Lernt, eure gesprochenen Worte und Handlungen zu kontrollieren! Meidet auch nur den Anschein des Bösen! Bleibt dem Licht im Inneren treu und das Licht wird euch schützen. Selbst wenn ihr von Zerstörung umgeben seid, werdet ihr unversehrt durch sie hindurchgehen.

Es ist eure Verpflichtung, diese Gesetze nicht nur für euch selbst anzuwenden, sondern sie aufzurufen, dass sie die Gefühle der Menschheit erheben. Nur durch das Anheben und Harmonisieren der Gefühle könnt ihr der Flut destruktiver Kräfte Herr werden, die durch Unwissenheit wirken und durch Emotionen, die außer Kontrolle geraten sind. Die erhebende Energie wird gesteuert von der Intelligenz der ICH BIN-Gegenwart, die durch euch fließt. Es ist nicht Emotion, sondern das Gefühl der Liebe, das aus eurem Herzen kommt.

Ihr werdet sehr schnell erkennen, dass ein mentaler Aufruf nicht ausreicht. Ihr müsst vollkommen ausgeglichen und entspannt sein, und dann einen Strom Weißen Lichts aus eurer ICH BIN-Gegenwart freigeben. Die Gegenwart lenkt den Energiestrom zu seinem Ziel, um seine Arbeit in Vollkommener Weise zu vollbringen.

Denkt daran, meine Lieben, ihr seid Wesen der Liebe, Wesen der Freude, Wesen des Sieges! Eure Liebe, Freude und euer Sieg werden kommen, wenn ihr eure ICH BIN-Gegenwart an die erste Stelle setzt, und alles andere unterordnet. Eine bedauerliche Tatsache, welche die Individuen an die Ketten der Begrenzung legt, ist, dass sie statt Gott irgendein menschliches Wesen an die erste Stelle setzen, oder eine Begierde oder eine Beschäftigung. So lange, wie dieser falsche Gott der ICH BIN-Gegenwart vorgezogen wird, so lange wird das Individuum außerstande sein, seine

Gedanken und Gefühle zu kontrollieren – und wird nicht in der Lage sein, Meisterschaft zu erlangen. Also herrscht über eure Aufmerksamkeit!

Das Einzige, das zwischen euch und der sofortigen Manifestation dessen steht, was ihr wünscht, ist euer Zweifel. Wenn ihr einen Anruf macht, und ihr erhaltet die Manifestation nicht so schnell, wie ihr denkt, dass es geschehen sollte, sind euer Zweifel und eure Ungeduld das Hindernis, denn für Gott gibt es kein Hindernis. Wenn ihr genug liebt, könnt ihr dem Universum befehlen, und es wird sich beugen und auf euer Geheiß erschaffen.

Emotionen versus Gefühle

Emotionen sind menschlich – Gefühle sind Göttlich.

Das Zentrum der Gefühle ist das Herz. Von hier fließen die Gefühle der Liebe, des Glücklichseins, der Großzügigkeit, und alle Eigenschaften Aufgestiegener Meister, die auf Herzensebene ausstrahlen.

Das Zentrum der Emotionen ist der Solarplexus, und aus ihm ergießen sich die Emotionen von Zorn, Furcht, Eifersucht, Lust, Neid, und alle Eigenschaften, die in der Meister-Oktave unethisch sind. So seht ihr, dass Gefühle und Emotionen, obwohl beide Energie sind, doch polare Gegensätze sind; eins ist menschlich, das andere Göttlich. Indem ihr eure Gefühle harmonisiert, unterstützt ihr die Expansion dieser Göttlichen Eigenschaften.

Gefühle – Das Schöpfungsfeuer

Das Schöpfungsfeuer ist das Feuer des Lebens. Jedes Gefühl, das ihr freigebt, ist Feuer. Wenn das Gefühl Liebe ist und das Begehren ist es, zu segnen, ist die Handlung segensreich, schön, vollständig rein und vollkommen, und die Handlung strahlt aus der reinen Lebensflamme im Herzen. Diese Flamme nimmt jede Eigenschaft an, die das Individuum fühlt. Wenn ihr Liebe fühlt, wird diese Flamme rosa mit einem leichten Anflug von Gold sein; wenn ihr Weisheit verwirklicht, wird Gold vorherrschen; wenn die Eigenschaft Friede oder Großzügigkeit ist, wird sie grün sein; und wenn sie reinigend ist, wird das Feuer violett sein. Wenn ihr das Gefühl nicht qualifiziert, sondern der Gegenwart alleinig Hingabe sendet, wird die Flamme, die sie aussendet, fast reines Weiß sein, mit einer Tönung von Blau.

Wenn andererseits eine Person ein zerstörerisches Gefühl erzeugt, manifestiert es sich als Blitz, dessen zackige Stacheln in die Substanz der Gefühlswelt eindringen und sie zerreißen, und das nicht nur beim Sender, sondern auch bei jenem, auf den es gerichtet ist – Schmerz ist die Folge.

Sieben Stufen des Bewusstseins

Stufe Eins

Auf der ersten Stufe ist die Person ein Geschöpf emotionaler und sinnlicher Begierden, deren Beschäftigung nur dem Überleben gilt und die nur für ihre eigene Genugtuung lebt. Sie denkt nicht an Liebe oder an die Belange eines anderen, da ihr ganzes Handeln auf das Erfüllen ihrer Gelüste gerichtet ist. Diese Person hat kaum irgendwelche Gedanken an einen höheren Bereich.

Stufe Zwei

Das Individuum wird nun der Rechte anderer gewahr, nicht in dem Ausmaß, dass es anderen zu diesen Rechten verhelfen will, aber es wird sich der Gruppe und Gruppenaktivitäten bewusst. Weil aber dieses Individuum noch immer ichbezogen ist und sich auf emotionelle und sinnliche Befriedigung konzentriert, begehrt es, Macht über seine Kameraden auszuüben. Es gibt eine riesige Anzahl Individuen, die gegenwärtig verkörpert sind, und noch diesen ersten beiden Klassen angehören.

Stufe Drei

Hier stoßen wir auf die Klasse jener, die nicht nur die Begehren anderer verstehen, sondern die ein wenig fähig sind, zu leben und leben zu lassen. Der Wunsch, über ihre Kameraden Macht auszuüben, ist nicht mehr vorrangig, sondern sie wünschen, dass andere gleichermaßen die Möglichkeit haben, sich etwas zu gönnen – die Stufe, auf der die Masse der Menschheit heute steht.

Stufe Vier

Die Person betritt nun den Pfad des Lichts. Sie akzeptiert, dass es im Leben etwas Höheres gibt als die Befriedigung emotionaler und physischer Begierden. Sie wird eines höheren Bewusstseins gewahr. Persönliches Begehren hat immer noch einige Kontrolle über sie, doch beginnt sie, nach etwas Höherem zu suchen.

Stufe Fünf

Das Individuum erkennt, dass es eine größere Macht gibt als sein Ego. Es erkennt, dass diese Macht, auch wenn sie größtenteils unsichtbar ist, dem Leben Sinn und Glück verleihen kann. Es erlebt Momente höheren Bewusstseins. Das Individuum ist oft verwirrt, denn es hat seinen Willen und sein Ego noch nicht der ICH BIN-Gegenwart übergeben – ein Übergang, der oft schmerzhaft ist.

Stufe Sechs

Das Individuum ist mit seinem Höheren Selbst oft in Verbindung, nicht mehr von persönlichen Begierden motiviert, und lebt für das Wohl anderer.

Stufe Sieben

Das Individuum ist sich selbst permanent bewusst, und jenseits der Versuchung, seine Macht zu missbrauchen. Es ist in Verbindung mit seiner eigenen Gott-Gegenwart und mit den Aufgestiegenen Meistern; und Befreiung und Aufstieg sind Wirklichkeit.

Jede Stufe hat viele Abstufungen, von denen keine festgelegt ist. Es gibt einige Individuen sogar auf der Höhe der Stufe Sechs, die einen großen Dienst leisten, aber sich in mancher Hinsicht nie gänzlich über die erste oder zweite Bewusstseinsstufe hinaus entwickelt haben. Es ist schwierig zu sagen, wo ein Individuum steht, und ihr solltet nie einen anderen beurteilen; wenn ihr jedoch ehrlich zu euch selbst seid, könnt ihr bestimmen, auf welcher Stufe des Bewusstseins ihr steht.

KAPITEL 5

DIE STUFEN ZUR MEISTERSCHAFT
Verschiedene Meister

Ihr Lieben, Ich bitte euch, ruft eure Gott-Gegenwart an; nehmt Ihre Liebe und Ihre ständigen Angebote an. Wenn ihr anfangs keinen Erfolg habt, verzagt nicht, sondern beobachtet weiterhin euch und das Licht, wie es ständig aus eurem Höheren Selbst in euch hineinfließt.

Während ihr mit eurer ICH BIN-Gegenwart vertraut werdet und Ihre Tätigkeit aufzurufen lernt, baut ihr ein machtvolles Momentum Göttlicher Energie auf. Jede Anrufung, die ihr an diese Gott-Gegenwart richtet, setzt einen Energiestrom frei, der eurer Visualisierung entsprechend gestaltet. Dieses Muster wird zunehmend wirklicher und greifbarer, und hängt ab von der Klarheit und Intensität eurer Konzentration. Um Vollkommenheit zu erhalten, müsst ihr Vollkommenheit üben. Beruhigt euren Körper, euren Geist und eure Emotionen, und übergebt euch dann diesem Blendenden Licht des ICH BIN, nicht nur in der Meditation, sondern auch im Umgang mit den kleinen Dingen des Alltags.

Schult euren Geist, um euch selbst fortwährend zu beobachten. Seid wachsam, damit ihr keine Gelegenheit verpasst, Liebe und Segen zu verströmen – und seid auf der Hut, dass ihr nie einen negativen Gedanken über eine andere Person habt, oder irgendetwas tut, das einem anderen schadet. Lauert nicht auf die Fehler anderer, denn es geht um euch selbst. Beobachtet und berichtigt euch selbst, und ihr werdet bald frei sein.

Seid euch immer bewusst, dass sich bei eurem Ruf zu Gott, der Wunderbaren Gegenwart des Lebens, die über euch ist und in euren Herzen verankert ist als Große Blendende Sonne des Lichts, keine Kraft einmischen kann. Wisset jetzt und für alle Zeit, dass ihr, wenn ihr eure eigene Gegenwart des Lebens anruft, das ICH BIN, das Unveränderliche Gesetz des Universums in Gang setzt, damit es in Aktion tritt. Keine Gewalt, keine menschliche Meinung oder ein Zustand kann die Energie dieses Dekrets abwenden. Zweifelt nie oder schaut nicht danach, ob sich Ergebnisse schon manifestiert haben. Bleibt fokussiert auf die Gegenwart; dann lasst einfach los, und geht davon aus, dass euer Anruf wirkt.

Die Siegreiche Gegenwart bringt alles mit Vollkommenheit hervor. Bei euren Anrufungen der Großen Gegenwart, die ihr seid, gebietet, dass Vollkommenheit in eure Welt fließt. Verlangt Vollkommenheit, dass sie hineinströmt, worauf immer ihr eure Aufmerksamkeit richtet. Wenn ihr eine Situation seht, die weniger als Vollkommenheit zu sein scheint, seid standfest, ruft eure Göttliche Autorität an, und verlangt, dass sich Vollkommenheit manifestiert.

Ruft immer zuerst eure eigene Gott-Gegenwart an, und dann die Meister, die gerne helfen. Doch der Fortschritt muss durch das Individuum kommen. Die Aufgestiegenen Meister können nicht für euch voranschreiten. Wenn ihr anfangt, euch auf die Meister zu verlassen, dass sie alles für euch tun, müssen sie sich zurückziehen. Ihr könnt euch nicht auf sie stützen, denn jeder muss seine oder ihre Mächtige Gott-Gegenwart kontaktieren. Dieses Lebensgesetz, die Kenntnis davon und der Kontakt mit dem ICH BIN, ist das Fundament, auf dem euer Herrschaftshaus zu bauen ist.

Verharrt und schaut auf das innere Sonnenlicht, dann sagt zu dieser Quelle:

ICH BIN die Kraft Göttlicher Liebe, erfülle die Herzen und

den Geist der Menschheit überall,

und verströme in ihre Wesen und Welten

die Nachhaltig Wirkende Lebenskraft.

Wenn ihr euer Vorankommen zur Meisterschaft beschleunigen wollt, segnet andere und helft anderen. Segnet die gesamte Menschheit. Macht Anrufungen an deren ICH BIN-Gegenwart für deren Vollkommenheit. Dieses Segnen wird in den höheren Oktaven beginnen, und dann hinunterwirken in die physische Ebene. Verbannt Zweifel und Angst. Sie sind das, was euch im Weg steht. Haltet euch nicht mit den anderen auf, außer ihr dient ihnen. Die Macht des Lichts ist wirklich, also nutzt sie! Affirmiert:

ICH BIN die Vollmacht des Lichts in Aktion,

die meinen Geist, mein Wesen, meine Welt erfüllt,

und die in die Welt der gesamten Menschheit hineinwogt;

denn

ICH BIN die Tätigkeit des Lebens,

ICH BIN die Gegenwart des Lebens,

ICH BIN der Sieg des Lebens,

jetzt und für immer!

In euren Anrufungen an die ICH BIN-Gegenwart und die Aufgestiegenen Meister, *meint*, was ihr sagt. Es ist weit besser, einen ernstgemeinten, fokussierten Anruf zu machen, statt fünfzig halbherziger Anläufe. Ein Anruf mit Liebe wird unendlich viel Gutes bewirken.

Mischt euch niemals in den freien Willen eines Individuums ein, oder trachtet, ihm zu schaden. Ein Individuum, das die ICH BIN-Gegenwart anruft, um Missklang herbeizuführen, oder das eine zerstörerische Kraft anruft, wendet schwarze Magie an, und wird den Preis bezahlen durch Leiden in seiner eigenen Zukunft! Schiebt Gedanken des Selbst beiseite. Was spielt es für eine Rolle, was jemand über eine Angelegenheit denkt – was jemand sagt? Es kommt nur auf eine Sache an, und das ist das Licht – also ruft nach mehr und mehr Licht.

Meine Lieben, ihr müsst eigene Anstrengungen unternehmen und diese Gesetze selbst anwenden. Erkennt das Einssein zwischen euch und eurer Göttlichkeit – die Magische Gegenwart. Erkennt auch euer Einssein mit anderen menschlichen Wesen. Erkennt euer Einssein mit dem Kosmischen Raum, wo ihr und alle anderen Eins sind. Akzeptiert dieses Einssein und beansprucht eure Göttliche Autorität, um diese Vollkommenheit Wirklichkeit werden zu lassen.

Wartet nicht auf jemanden, der euch zum Arbeiten veranlasst. Da ist niemand, der über euer Leben zu bestimmen hat. Ihr seid eure eigene Autorität. Ergreift diese Befehlsgewalt, und ruft eure ICH BIN-Gegenwart an, damit sie ungestört durch euch strömen kann. Die Dinge, die ihr hervorzubringen wünscht, werden als Ergebnis eurer eigenen Bemühungen hervorkommen, durch das Wirken eurer eigenen Gott-Gegenwart. Diese Gegenwart ist Wirklichkeit, und Ihr Christus-Licht erfüllt eure Zellen, jede Faser eures Wesens, und die Atmosphäre um euch. Wendet euch an diese Große und Mächtige Gegenwart, damit ihr euch von Ihrer Kraft durchströmen lassen könnt. Akzeptiert die Verantwortung, der mächtige Kanal zu sein, der ihr seid.

Die ICH BIN-Gegenwart lässt euer Herz schlagen, und kennt jeden eurer Gedanken, also braucht ihr nicht zu schreien. Sie hört es und man muss es Ihr nicht zweimal sagen – denn Sie weiß im Voraus, was ihr braucht. Es ist kein Schauspiel nötig. Tretet einfach ein in die Stille eures Herzens, und fühlt das Licht des Großen ICH BIN im Innern. Akzeptiert, dass die Kraft des Lichts durch euch strömt, und bittet Ihre Obrigkeit, hervorzutreten in eurem Leben und dem Leben eines jeden auf eurem Planeten.

Die Menschheit befindet sich in einer äußerst ernsthaften

Lehrstunde, denn ehe nicht das Gesetz der Liebe regiert, wird die Menschheit von Egoismus und Begierde regiert. Nehmt eine positive Haltung ein, ungeachtet der Menschheit. Haltet stand in Reinheit und Vollkommenheit, und identifiziert euch nicht mit der öffentlichen Meinung oder anderen begrenzenden Illusionen. Nehmt diese Haltung selbstständig ein, ohne Rücksicht auf andere, denn es gibt keine Person, keinen Umstand oder eine Macht, die euch den Sieg nehmen kann. Wenn ihr diese klare Haltung einnehmt, werde Ich an eurer Seite stehen und euch an die Hand nehmen, und ihr werdet die große Wirklichkeit kennen, die ICH BIN.

KAPITEL 6

Eure Älteren Brüder und Schwestern
Saint Germain

Ihr Lieben, irgendwann in eurem Leben braucht ihr die Hilfe der Aufgestiegenen Meister, mit welchen Namen auch immer ihr sie ruft. Euer Fortschritt hängt nicht nur von eurem eigenen Bemühen ab, sondern ihr braucht die Verbindung zu den Meistern, die tatsächlich Erweiterungen von euch selbst sind. Sie sind Manifestationen eurer eigenen ICH BIN-Gegenwart, die euch die unterstützende Aktivität zukommen lässt, nach der ihr verlangt. Der Aufgestiegene Meister verstärkt die Strahlung eurer eigenen ICH BIN-Gegenwart, und indem ihr diese Gegenwart zum Wirken aufruft, empfangt ihr nicht nur euer eigenes Licht, sondern auch die Energie des Meisters, die eure Schwingungsfrequenz anhebt.

Wenn ihr den Namen eines Meisters aussprecht, ruft ihr den Meister herbei, und ermöglicht diesem oder dieser, sein oder ihr Wirken durch euch auszudehnen. Jedes Mal, wenn ein Meister angerufen wird, kann dieser Meister, diese Meisterin, mehr von sich hervorbringen; also zögert nicht, uns anzurufen bei eurer Arbeit, die Schwingungsrate dieses Planeten anzuheben. Ruft mich nur an, oder irgendeinen anderen Meister; aber vergesst nicht, zuerst eure eigene ICH BIN-Gegenwart anzurufen, und der Meister kann dann das verstärken, wofür ihr anruft.

Die Kosmische Stunde ist gekommen, in der die Menschheit ihre Quelle kennen und erkennen muss, wie auch ihre älteren Brüder und älteren Schwestern im Licht. Auch wenn uns die meisten nicht sehen, wir existieren wirklich – wirklicher als ihr – denn wir haben nicht eure Illusion der Begrenzung. Wenn ihr eure Aufmerksamkeit auf eure Gegenwart richtet und ernsthaft eure Anwendungen macht, werdet ihr sehen, wie wirklich wir sind und wie schnell wir handeln können. Für den menschlichen

Geist scheinen unsere Antworten manchmal lange zu dauern, aber das ist eine Illusion, denn es gibt nur ein hier und jetzt. Wir sind jetzt alle genauso hier zusammen heute, wie wir es vor Zeitaltern waren, und werden genauso zusammen sein während der Jahre der so genannten Zukunft. Wenn ihr eure Aufmerksamkeit in Liebe auf uns richtet, antworten wir immer.

Manchmal bekommen Menschen von uns Mitteilungen von unterschiedlicher Klarheit. Auch wenn die Mitteilungen in Worten formuliert werden, die dem Individuum vertraut sind, und möglicherweise nicht ganz akkurat sind, enthalten sie doch unsere Strahlung, wenn das Ego nicht im Weg steht. Nur wenige können unsere Mitteilungen mit dem Allsehenden Auge empfangen, denn es benötigt Jahre der Reinigung und spezielle Vorbereitung. Doch auch wenn die Mitteilung unrichtig ist, das Gefühl und die Ermutigung, die wir freigeben, sind von größerer Bedeutung.

Die Namen der Meister, die der Menschheit dienen, sind nicht wichtig, und es ist für die Menschen der Erde zu dieser Zeit nicht notwendig, sie zu kennen. Die Namen, unter denen ihr sie derzeit kennt, wurden nur zur Zweckdienlichkeit vergeben, und sind nur für die Identifikation wesentlich.

Normalerweise seht ihr einen Aufgestiegenen Meister nicht mit euren physischen Augen. Wenn ihr einen sehen wollt, müsst ihr eure Schwingungsrate erhöhen. Wenn ein Aufgestiegener Meister einem Individuum erscheint, dann geschieht es gewöhnlich durch Senkung der Schwingungsrate seines Körpers, bis er für die erhöhte Schwingungsrate des Schülers sichtbar wird. Sie sind beide füreinander berührbar; sollte jedoch ein anderes Individuum dabeistehen, und die Erscheinung ist nur zum Nutzen des einen, der die Unterweisung des Meisters bekommt, wird der andere den Meister in keiner Weise sehen oder gewahr sein, was vor sich geht.

Wenn ihr ein Meister sein wollt, dann meistert euch selbst. Erlangt Demut. Erlangt sie, indem ihr anderen dient. Betrachtet euch als Diener für jeden Menschen. Segnet alle, denen ihr begegnet, indem ihr deren Gott-Gegenwart anruft.

Liebe Herzen, Ich bin nicht irgendein großes Wesen, das so weit fortgeschritten ist, dass ihr nie das erreichen könnt, was ich erreicht habe. Ich bin nur euer älterer Bruder, der vor euch gegangen ist, und der nun zurückgekommen ist, um den Weg zu zeigen. Was ich getan habe, das könnt ihr auch tun. Es ist nicht leicht, aber es kann und muss getan werden.

Anmerkung von Nada: Es gab viele, die fragten, wie Saint Germain der Herr des Siebenten Strahls werden konnte, da sie sahen, dass er erst vor vergleichsweise kurzer Zeit Aufgestiegen ist, wogegen es den Siebenten Strahl schon ewig gibt. Denkt gut darüber nach, und ihr werdet eine Wahrheit finden wie auch eine großartige persönliche Gelegenheit für euch.

KAPITEL 7

GEHORSAM GEGENÜBER DEM GÖTTLICHEN PRINZIP
Serapis Bey

Ihr Lieben, das Leben ist ewig und fließt ewig weiter. Es gibt keinen Tod; noch gibt es Raum und Zeit. Also benutzt diese Illusion der relativen Wirklichkeit, um zur Meisterschaft zu erwachen. Solange eure Handlungen euch nicht darin fördern, zu erwachen und anderen zu dienen, verschwendet ihr eure Zeit.

Bei meiner Tätigkeit der Liebe und des Segnens für die Menschheit war ich auf viele Weise bestrebt zu helfen. Es gibt viele, die meine Disziplin als zu streng empfinden, aber tatsächlich habe ich nie jemanden diszipliniert. Jedoch hat meine Unterweisung das Individuum immer veranlasst, sich selbst disziplinieren zu wollen. Selbstdisziplin ist die einzige Art von Disziplinierung, die es im Neuen Goldenen Zeitalter geben kann. Gehorsam gegenüber der leeren Form, gegenüber bedeutungslosen Ritualen ist nicht erforderlich – nur Gehorsam gegenüber dem Gott im Inneren. Ihr könnt affirmieren:

ICH BIN jetzt gehorsam gegenüber Gott in mir.

ICH BIN die Gegenwart Gottes,

die alle Dinge weiß,

die alle Dinge denkt,

die alle Dinge ist,

die dem Licht dienlich sind.

Musikern, Künstlern und Schriftstellern möchte ich übermitteln, dass ich darauf bedacht bin, euch zu helfen, und ich werde das tun, wenn ihr eure Aufmerksamkeit innerlich mir zuwendet. Trotzdem muss jedes Individuum dem inneren Drängen der eigenen ICH BIN-Gegenwart folgen. Es gibt kein Individuum oder keinen Meister, der für euch die Autorität sein kann. Das bedeutet nicht, dass es keine Autorität geben soll, denn ohne sie gäbe es Chaos. Wahre Autorität ist jedoch Gott-gegeben. Die Stimme der Autorität kommt durch die Erkenntnis Gottes im Inneren. Diese Autorität zu missbrauchen, heißt Gottes Macht zu missbrauchen. Jene in Autoritäts-Positionen sollten an das Wohl anderer denken. Wenn sie stattdessen ihr eigenes Wohl vor dem Wohl anderer anstreben, missbrauchen sie ihre Autorität, und diese Macht wird ihnen genommen werden. Jener, der Autorität ausübt, muss sich dem Dienen verpflichten, und die größte Leistung ist, anderen zu helfen, ihr inneres Licht auszudehnen.

Autorität und Verantwortung gehen Hand in Hand. Versucht nicht, die Verantwortung zu übernehmen, die zu einem anderen gehört, denn alle sind freie Gotteswesen. Ihr seid die Autorität über das, was sich in eurer Welt abspielt. Fürchtet euch nicht vor Verantwortung. Beansprucht eure Autorität. Als ein Teil von Gott habt ihr das Recht zu befehlen, dass sich überall Vollkommenheit einstellt. Ihr müsst jedoch den freien Willen anderer respektieren, da sie das Recht haben, voranzuschreiten oder nicht, entsprechend dem Licht in ihrem Inneren.

Haltet eure eigene Harmonie, euren eigenen Frieden, eure eigene Freiheit aufrecht, und indem ihr diese Eigenschaften auf andere ausstrahlt, werdet ihr sie für euch selbst haben. Freiheit ist euer natürlicher Zustand. Wenn ihr euch nicht frei fühlt, dann aufgrund eurer eigenen Schöpfung. Amerika steht für Freiheit, aber es wird nur frei bleiben, wenn es lernt, die Freiheit anderer zu respektieren – und Verstrickungen im Ausland vermeidet. Wenn es davon ablässt, seinen Willen anderen aufzunötigen, wird es für die Welt ein Kelch des Lichts sein.

Das Individuum, das zu dienen wünscht, muss sich einen gesunden Körper erhalten. So sollte euer Begehren nicht sein, euren Körper so bald wie möglich zu verlassen, sondern ihn ordnungsgemäß zu erhalten und ihn richtig zu verwenden.

Auch wenn man uns Meister nennt, zwingen wir unseren Schülern nie unseren Willen auf. Die Lösung für eure Probleme findet ihr als erstes in der Freigabe eines Gefühls der Liebe. Diese Liebe ist nicht nur ein Gedanke oder ein Gefühl, sondern eine tatsächliche Substanz, die ihr aus dem Herzen eurer Gegenwart aussendet. Es ist die der Mutter eigene Intelligenz, die spontan weiß, was zu tun ist, und es eiligst tut. Diese Liebe kennt keine Hindernisse, und sie ist ein genauso großer Segen für den, der sie aussendet, wie für den, der sie empfängt. Während ihr euch darin übt, diese Liebe auszusenden, werdet ihr in einem ewigen Garten des Lichts zu leben beginnen. Wenn ihr dann kein anderes Gefühl mehr habt als Liebe, seid ihr würdig für den Aufstieg. Ihr wisst nicht, wann eure Vorbereitung zum Aufstieg vollständig ist, bis euch ein Meister oder eure ICH BIN-Gegenwart informiert.

Jedes Individuum ist, ungeachtet seiner philosophischen Grundsätze oder politischen Einstellung, eines von Gottes Kindern. Ihr müsst die Wahrheit nicht verteidigen; die Wahrheit wird euch verteidigen. Macht euch immer würdiger für mehr Wahrheit, Licht und Kraft, und lasst diese Eigenschaften sich in euch entfalten.

Die Menschen auf diesem Planeten sehnen sich nach dem Licht, und ihr könnt dieses Licht geben und ein Leuchtfeuer für sie sein. Sie müssen sich nicht Formen, Strukturen und Doktrinen unterwerfen, sondern die Gegenwart des Lebendigen Gottes - ICH BIN - in ihrem Inneren verstehen. Ohne dieses Verstehen sind sie in der Dunkelheit verloren; mit diesem Verständnis gehen sie dem Sieg des Lichts entgegen.

Was ihr tut, sollte eurer vollen Aufmerksamkeit würdig sein; wenn es euch langweilt, sucht etwas anderes zu tun. Das Leben des Erwachens verlangt eure volle Aufmerksamkeit. Manchmal fragen sich die Leute, wie es möglich ist, volle Aufmerksamkeit zu geben und gleichzeitig in der Geschäftswelt tätig zu sein. Könnt ihr nicht gleichzeitig mit einem Freund sprechen, Musik aus einem entfernten Raum hören, und eure Gedanken beobachten?

Was ihr beschließt zu tun, tut es voll und ganz. Lasst Gott nicht für etwas Geringfügiges arbeiten. Akzeptiert eure Verantwortung, ein wirkender Gott zu sein. Ihr werdet zur Weisheit und zum Licht nur voranschreiten, wenn ihr diese Verantwortung übernehmt.

Fürchtet euch nicht vor Katastrophen, Kriegen, Erdbeben, Unfällen oder anderen zerstörerischen Geschehnissen. Auch wenn ihr ein Gefühl haben mögt, dass sich etwas Zerstörerisches ereignen könnte, bedeutet das nicht, dass es auch dazu kommt. Solch ein inneres Drängen ist für euch ein Zeichen, an der Verhinderung dieser Zerstörung zu arbeiten, oder zumindest so viele Menschen wie möglich zu schützen. Das gleiche gilt auch, wenn ihr das Gefühl habt, ein Individuum begeht gleich einen Fehler. Wendet euch zuerst an eure Gott-Gegenwart, und erkennt, dass die gleiche Gegenwart in der anderen Person ist. Dann ruft diese Gegenwart an, damit sie ihr zeigt, was zu tun ist. Dann lasst los und wisst, dass nur Vollkommenheit hervorkommen wird. Die Manifestation mag sich nicht sofort zeigen oder in der Form erscheinen, die ihr für die beste haltet, aber sie wird schließlich die Vollkommenheit hervorbringen, die die Person braucht. Befasst euch nicht mit Erscheinungen. Die Herrlichkeit und Vollkommenheit, die ihr für andere so sehr ersehnt, ist so nahe wie die Liebe in euren Herzen.

Du All Umfassende Gegenwart der Unendlichkeit, Oh Großes Blendendes Licht, ICH BIN, wir lieben Dich, und stehen in Einheit mit Dir, nehmen jetzt und für immer Deine Ganze Gottes-Kraft in uns an. Lass uns für immer unserer Verpflichtung gegenüber anderen Brüdern und Schwestern auf dem Pfad gewahr sein, auf dass wir ihnen immer

liebend dienen und geben. Hier, vor diesem Altar, stehe ich, mit den Flügeln des Lebens an meinen Seiten, die mich, wenn sie sich entfalten, in die Herrlichkeit und Fülle des Immerwährenden Gottes tragen. Hinter mir liegt der Offene Torweg in die Fülle des Lebens. ICH BIN das Leben, die Wahrheit und der Weg.

KAPITEL 8

DIE FLAMME DER VERGEBUNG
Urlando

Aus meiner fernen Heimat komme ich zu euch, zum ersten Mal seit mehreren tausend Jahren. Ihr habt mich oft gekannt. Ich habe viele Namen. Ich habe viele Formen. Vor langer Zeit arbeitete ich mit jedem von euch an der Errichtung eines Teils der großen Zivilisation Lemuriens. Zu dieser Zeit war das Land, wo sich heute eure Stadt San Francisco befindet, ein Teil des riesigen Kontinents Mu, und die große Zivilisation, die genau an diesem Ort angesiedelt war, symbolisierte das Goldene Tor zum Osten, statt das Goldene Tor zum Westen. Zu jener Zeit war das, was heute weitgehend der Küstenverlauf Kaliforniens ist, die Ostküste von Lemurien. Das Wasser erstreckte sich überall hin, von der Bay Area durchgehend bis ins Death Valley und zu Teilen von Arizona und Neu Mexiko, und weiter unten verband es sich schließlich mit dem heutigen Golf von Kalfornien. Viele der heutigen Berge gab es zu jener Zeit nicht, und auf dieser uralten Küste stieg eine mächtige Zivilisation zu großen Höhen auf, die zerfiel, weil sie sich von der Großen Gegenwart Gottes abwandte.

Heute Abend bin ich durch einen großen Lichttunnel zu euch gekommen, der meinen Stern mit der Erde verbindet. Ich bin der Götterbote Merkur, den ihr oft mit Flügelschuhen gesehen habt. Meine Tätigkeit war immer sehr eng mit der Menschheit verbunden. Man kannte mich in den Zivilisationen von Lemurien, Atlantis und Ägypten. In der griechischen Zivilisation gab es viele, die mich gut kannten. Diese Verbindung wurde bis vor ungefähr 4.000 Jahren aufrechterhalten, wo ich mich zurückzog. Das Kosmische Gesetz zwang mich, die Kinder der Erde sich ihrer selbst erschaffenen Disharmonie zu überlassen. Erst als sich eure Gruppe in Harmonie zusammenfand, war es mir möglich, wieder zu erscheinen. Wenn ihr meine Hilfe wünscht, ruft mich unter dem Namen Urlando an. Ihr werdet feststellen, dass ich euer Rufen sehr schnell beantworte.

Ich möchte zu euch über die atomare Struktur von Gedanken und Gefühlen sprechen, damit ihr besser verstehen mögt, wie das Kosmische Feuer in Aktion tritt, und weshalb es zwingend notwendig ist, dass ihr eure Gedanken und Gefühle kontrolliert.

Gedankenformen sind geistig erschaffene Strukturen, die aus Atomen bestehen, und durch Gefühle ins Dasein getrieben werden. Dies ist der gleiche Vorgang wie bei den Vater- und Mutter-Prinzipien, die das Universum und alle Dinge darin erschaffen und gestaltet haben. Wenn eine Gedankenform ins Sein gebracht wird, ist sie für die meisten Menschen noch nicht dinglich greifbar, da es noch nicht genug Atome gibt, um vom äußeren Augenlicht wahrgenommen werden zu können; indem jedoch im Bewusstsein an dem Gedanken festgehalten wird, werden mehr und mehr Atome zur Form hingezogen, und der Gedanke wird zu einem Ding.

Nachdem eine Gedankenform erschaffen wurde, bleibt sie eine lebende Entität, und ist weiterhin tätig, bis der ursprüngliche Gedanke und das ursprüngliche Gefühl, die es erschaffen haben, vollständig widerrufen sind. Das Violette Feuer, auch bekannt als die Flamme der Vergebung, mag ebenfalls zur Wirkung aufgerufen werden, um die Auflösung der Gedankenform zu beschleunigen.

Selbst ein Gedanke, der von einem Kind erschaffen und dann vergessen wurde, kann Jahre später beim Erwachsenen wieder auftauchen, wenn das Individuum eine ähnliche Situation erlebt. Die beste Art, diese alten Gedankenformen aufzulösen, ist es, die Violette Verzehrende Flamme zu visualisieren, wie sie im, um und am Körper und der Aura herauflodert. Setzt euren Geist und euer Herz gemeinsam ein, und ruft dieses Kosmische Feuer an, das die Elektronen und Atome befreit, damit sie ihre ursprüngliche Reinheit wiedererlangen, befreit von menschlichem Bewusstsein. Alle Schüler des Lichts sollten dieses hilfreiche Werkzeug verwenden, nicht nur für sich selbst, sondern auch bei allen Örtlichkeiten, durch die sie sich bewegen.

Wenn ihr eine Disharmonie fühlt, dann deshalb, weil ihr einer unharmonischen Gedankenform erlaubt habt, in eure Gefühle einzudringen, und die Atome eures Körpers davon angegriffen sind. Wenn diese Disharmonie nicht vom Licht aufgelöst wird, kann sie zunehmen und sich wie eine ansteckende Krankheit ausbreiten. Was zuerst nur ein Gedanke war, breitet sich in die Gefühlswelt hinein aus, und dann in den physischen Körper, um als Krankheit in Erscheinung zu treten, was hätte verhindert werden können, wäre sie noch in ihrem unsichtbaren Zustand entfernt worden.

Die Notwendigkeit, harmonische Gefühle beizubehalten, kann nicht genug betont werden. Ihr ruft und qualifiziert Energie fortwährend. Jedes Mal, wenn ihr denkt, gebraucht ihr Gottes reine und vollkommene Energie. Doch wie ihr diese Energie qualifiziert, beeinflusst andere. Beobachtet und harmonisiert eure Gedanken, Worte und Emotionen, und ihr werdet in Frieden leben und bei der Meisterung schneller vorankommen.

Ganz gleich, mit welchen Umständen ihr zu tun habt, ihr könnt schnell darüber hinwegkommen. Selbst inmitten einer Gruppe von negativ denkenden Menschen, die in einem Raum versammelt sind, kann eine Person, die sich der ICH BIN-Gegenwart bewusst ist, das Bewusstsein der anderen anheben. Ihr schwört euch so oft, immer liebevoll und freundlich zu sein – dann kommt etwas dazwischen, das den Schwur zunichtemacht; aber ich sage euch, eure ICH BIN-Gegenwart kann nicht zunichtegemacht werden – sie ist immer tätig. Nur denkt daran, nachdem ihr die Anrufung gemacht habt und sich die Situation zu verändern beginnt, erlaubt eurer Aufmerksamkeit nicht wieder, in das negative Erscheinungsbild zurückgezogen zu werden.

Saint Germain

Ohne Kenntnis der Lebensgesetze seid ihr blind, denn ihr seht nicht Ursache und Wirkung. Ihr müsst wissen, dass alles, was ihr erlebt, die Auswirkung von etwas ist, das ihr selbst verursacht habt, wobei einige immer noch denken, sie könnten negative Energie generieren oder in Negativität handeln, und kämen davon, ohne die Folgen tragen zu müssen. Das ist nicht wahr, denn das Gesetz von Ursache und Wirkung gilt uneingeschränkt, selbst wenn die Auswirkung tausend Jahre braucht, um zurückzukehren – zurückkehren wird sie, denn so ist das Gesetz.

Es gibt nur eine Handlung, wie ihr diese Auswirkungen aufheben könnt, und das ist Vergebung – diese kann euch über die Notwendigkeit erheben, die Folgen aus eurem früheren Fehler zu erfahren. Vergebung wird natürlich nur dann wirksam, wenn das Individuum aufrichtig ist. Nur nach Vergebung zu rufen, wird das Individuum nie von seinem Karma befreien, bis es in seinem eigenen Herzen Vergebung ersehnt. Auch müsst ihr anderen vergeben, andernfalls wird euch selbst nicht vergeben werden. Das Lebensgesetz sorgt dafür, dass das, was ihr aussendet, zu euch zurückkehrt; folglich ist ein von euch ausgesandter aufrichtiger Wunsch um Vergebung ein Akt des Vergebens als solcher, der die Disharmonie auflöst.

Das Böse in der Welt ist im Begriff, sich gegen sich selbst zu wenden und sich selbst zu zerstören. Folglich werden Menschen, die böse sind und Böses wollen, sich mit anderen bekriegen, die böse sind und Böses wollen – bis sie sich zerstört haben. Aber die Kinder des Lichts, die Gut sind und das Gute ersehnen, werden aus dieser Zerstörung herauskommen und sich erheben. Sie können nicht zerstört werden. Die Wahrheit wird Triumphieren, jetzt und für immer, denn DAS LICHT GOTTES VERSAGT NIE!

Ihr als individualisierte Flammen des Lebens, qualifiziert eure Energie entsprechend eurer eigenen Erfahrung und eurem Verständnis – und ihr müsst die Auswirkungen dieser von euch selbst erschaffenen Energie ertragen. Deshalb werden einige Individuen regelmäßig krank, und manchmal für lange Zeit. Das ist so, weil sie die Gewohnheit haben, gewisse Erscheinungen als wirklich zu akzeptieren, sie qualifizieren eine bestimmte Sache als krankmachend, eine bestimmte Handlung oder eine bestimmte Nahrung, sie entscheiden sich, dieser zu erlauben, sie zu beeinflussen. Ein Außenstehender wäre geneigt zu sagen, dass sie etwas vortäuschen; doch täuschen sie nicht vor, denn sie haben die Energie so qualifiziert, dass sie so wirken muss, wie sie entschieden haben, dass sie es soll. Das trifft auch auf Kinder zu, denn ihre Kraft zu qualifizieren ist genauso groß wie die von Erwachsenen. Um diese Neigung zu neutralisieren, ist es zwingend notwendig, dass ihr die Gegenwart anruft, damit sie eure Kraft der Qualifikation steuert. Erklärt:

ICH BIN die Kontrolle meiner Macht zu qualifizieren, und Ich qualifiziere alle Gegebenheiten mit Licht.

Das wird euch sehr rasch anheben in eine Position, wo ihr euch, ganz gleich, was geschieht, frei von der Illusion der Begrenzung finden werdet. Abgesehen vom Anrufen eurer Gegenwart ist nichts wichtiger, als eure Kraft der Qualifikation mit Harmonie und Licht aufgeladen zu halten.

Die ICH BIN-Gegenwart entlässt Ihre Energie in eure Welt so vollkommen, wie es das Leben selbst ist – und wenn sie mit eurer Welt in Berührung kommt, nimmt sie die Eigenschaft eurer Gedanken und Emotionen an. Ganz gleich, wie ihr diese Energie qualifiziert haben mögt – ganz gleich, welche Fehler ihr begeht – ihr könnt euch immer an die Gegenwart wenden und sagen,

Oh, geliebte ICH BIN-Gegenwart, vergib mir.

Dann geht in euer Herz, in eures Vaters Haus, und empfangt Seinen Segen, Seine Liebe, und Seinen großzügigen Schutz. Ihr könnt euch immer in die Arme eurer Gegenwart werfen und sagen,

Vater-Mutter-Gott,

Du Große und Gesegnete ICH BIN-Gegenwart, vergib mir.

Ich rufe das Gesetz der Vergebung an, das ICH BIN.
Lass die Flamme der Vergebung durch mich lodern,
und nimm mich wieder in Dein Herz auf.

Dann, meine Lieben, geht hinein für immer in dieses Reich des Friedens und der Reinheit, das euer ewiges Geburtsrecht ist, der Sieg des Höchsten Lebens. Denkt darüber nach, meine Lieben! Ihr seid wegen eurer Fehler nicht für ewig verdammt. Das Gesetz von Ursache und Wirkung, so rigoros und gerecht es auch ist, ist für euch vollkommen beiseite gestellt, wenn ihr euch der Großen Gegenwart des Lichts zuwendet, das euer Herz schlagen lässt, und ihr das Gesetz der Vergebung anruft, die Violette Verzehrende Flamme. Indem ihr anderen vergebt und Vergebung an die Menschheit freigebt, werdet ihr frei.

KAPITEL 9

LEBEN, LICHT, GOTT – ALLES EINS
Hilarion

Ihr Lieben, ich bin überglücklich, heute Abend zu euch zu kommen, um der Menschheit dieser Erde zu helfen. Ich bin erfreut über den großen Fortschritt, der erreicht wurde, und ich bin überaus glücklich, dass der Weg zum Sieg noch offen ist.

Ich füge meine Strahlung hinzu und wünsche, dass ihr die Wirkung beobachtet, die in der Menschheit stattfinden wird. Jene, die sich der Aufgestiegenen Meister bewusst sind, sind mit meiner Aktivität auf dem Gebiet der Wissenschaft und Forschung seit langem vertraut, aber es gab mich auch auf vielen anderen Gebieten. Ich komme heute Abend zu euch, um euch über bestimmte Dinge zu informieren.

Denkt immer daran, dass das Licht Eins ist. Licht ist Substanz, Bewusstsein und Tätigkeit, wobei Leben und Gott dasselbe sind. Diese drei, Substanz, Bewusstsein und Tätigkeit, sind Eins. Wenn man das weiß, und auch weiß, dass ICH BIN eins mit allen Dingen ist, dann könnt ihr sehen, dass Präzipitation kein Märchen ist. Durch Konzentration der Aufmerksamkeit und des Gefühls in einem beständigen Energiestrom auf einen beliebigen Wunsch gerichtet, wird sich dieser Wunsch als greifbare physische Sache manifestieren. Er kann nicht anders als sich manifestieren, wenn der Wunsch aufrichtig, die Aufmerksamkeit beständig und das Gefühl fest entschlossen ist. Die Präzipitation wird noch für einige Jahre als eine merkwürdige Tätigkeit erscheinen, wird aber dennoch bekannt werden. Es gibt einige, die von der ICH BIN-Gegenwart erfahren werden, und dann fähig sein werden, alles, was sie wünschen, sofort zu präzipitieren.

Jene, die in früheren Leben bewusst mit den Naturelementen gearbeitet haben, insbesondere mit dem Gott des Goldes oder dem Gott der Natur, werden die Präzipitation in dieser Verkörperung als eine ganz natürliche Tätigkeit betrachten. Wenn ihr in die Einheit eintretet, wo es weder Raum noch Zeit gibt, und die Tätigkeit des Präzipitierens annehmt, kann sie ein alltäglicher Vorgang sein. Wenn jedoch der Wunsch seinen Ursprung im Ego hat, schließt diese duale Trennung zwischen dem Selbst und den anderen den Eintritt in den notwendigen Zustand der Einheit aus.

Es gibt ein neues Transportmittel, das jetzt in Amerika in Vorbereitung ist, das derart umwälzend ist, dass die beiden Kanäle, die es herausbringen, Bedenken haben, es zu veröffentlichen. Ich arbeite daran und trage Sorge dafür, dass sie geschützt sind. Ich glaube, euch mit Sicherheit sagen zu können, dass es ein schnelles, doch sicheres Fahrzeug ist, und dass nirgends in seinem Aufbau Räder verwendet werden. Es ist ähnlich denen, die in Atlantis verwendet wurden.

Es gibt eine Sache, um die ich jene unter euch bitten muss, die meine Hilfe wünschen, und zwar, dass ihr präzise denkt und sprecht. Ich habe so oft einen Hang zur Übertreibung bemerkt. Um ein Meister zu sein, muss man emotional ausgeglichen und auch absolut akkurat sein, in dem, was man denkt und sagt. Das bedeutet nicht, dass ihr immer jeden eurer Gedanken und jedes Vorhaben an eure Freunde offenbaren sollt. Jedoch in dem, was ihr preisgebt, ist es notwendig, absolut wahrhaftig und präzise zu sein. So oft habe ich Menschen Dinge sagen hören wie, „Oh, ich mag dies tausendmal lieber als das". Das ist keine kluge Ausdrucks-Form. Es ist besser, in Bezug auf eure Gefühle wohlgezielt zu sein, statt zu übertreiben. Wenn ihr euch in der Genauigkeit trainiert habt, müsst ihr nicht mehr zurückgehen und anderer Leute Auffassungen darüber, was ihr gesagt habt, korrigieren. Denkt daran, dass das Gefühl hinter einem Wort oft bedeutender ist, als das Wort selbst, also versucht immer, mit Liebe zu sprechen.

Es ist Saint Germains Wunsch, dass ich euch von dem Unternehmen der Erschaffung eures Planeten berichte und den verschiedenen Veränderungen, die er durchlaufen muss, bevor er zu seinem endgültigen Zustand der Vollkommenheit aufsteigt. Das Universum ist in Wirklichkeit ein großes Atom, und jedes Atom ist in Wirklichkeit ein winziges Universum. Dieses Universum, von dem euer Planet ein unendlich kleiner Teil ist, dehnt sich ständig aus. Immer mehr Licht strömt aus der Großen Zentralsonne in den Raum, und bildet neue Welten, und nimmt stets das wieder in sich selbst auf, was seine ihm zugeteilte Zeitspanne der Existenz erfüllt hat. Das ist die Tätigkeit der Liebe, die in sich selbst hinein und aus sich herausfließt, in endlosem Erschaffen und Auflösen.

Um die unermessliche Weite des Raumes zu verstehen, schaut in euer Herz und kontempliert,

ICH BIN Meister der Materie, Energie und Schwingung.

Mit diesem Bewusstsein als Wissender aller Dinge, könnt ihr euch als Meister überall im Universum bewegen. Sagt,

ICH BIN die Offene Tür, die kein Mensch schließen kann.

Dies wird die Macht freisetzen, die euch befähigt, durch den Schleier zu gehen und im Licht der Zentralsonne zu stehen – als ein Meister aller Manifestation.

Der Planet wurde geformt aus einer Serie von Licht-Ladungen aus der Großen Zentralsonne durch die Sieben Strahlen der Schöpfung – der Planet ist selbst Teil eines größeren Wesens. Wenn auf einem Planeten genügend Menschen das Gesetz des Einen, das Gesetz der Liebe gelernt haben, nimmt die Schwingungsrate des Planeten zu, strahlt er immer mehr Licht aus, bewegt sich immer höher auf einer aufsteigenden Spirale.

Ein Goldenes Zeitalter ist nahe. Wir, die wir im Aufgestiegenen Zustand sind, sehnen den Tag herbei, da wir frei auf der Erde hervortreten und unsere Unterweisung jenen geben können, die gelernt haben, ihrer eigenen Gott-Gegenwart Folge zu leisten. Wie töricht ist es doch, weiter zu zerstören, wenn mit Verstehen, Liebe und Mitgefühl die Menschheit eine großartige Zivilisation aufbauen kann. Viele jedoch werden nicht innehalten, um zu verstehen, bis sie an den äußersten Rand der Verzweiflung getrieben worden sind. Je weiter man voranschreitet im Bewusstsein, desto leichter wird dieses Verstehen. Selbst jetzt, ungeachtet des Erscheinungsbildes der Welt, kann jeder von euch das Haus Gottes betreten, die Tür vor allen Störungen schließen, ruhig und entspannt bleiben, und Meister von allem sein.

Du höchst Strahlende und Heiligste, Du Unendliche ICH BIN-Gegenwart, wir stehen vor Deinem Lodernden Feuer, würdigen uns in Dir, ständig danach strebend, Deine Vollkommenheit immer weiter auszudehnen, ständig danach rufend, mehr von Deinem Licht für die Erdenkinder auszusenden. ICH BIN Eins mit Dir. Weite Deine Vollkommenheit in mir aus allezeit. Möge der Frieden, der mit Vollkommener Handlung kommt, jetzt in die Herzen und die Gemüter der gesamten Menschheit eintreten, um sie mit Licht zu erfüllen, mit der Ekstase Göttlicher Liebe, und dem Vollständigen Verstehen des Einsseins aller Dinge.

Der Maha Chohan

KAPITEL 10

ENERGIE UND SCHWINGUNG
Der Maha Chohan

Es ist mir eine Ehre, zu euch über die Gesetze der Energie und Schwingung zu sprechen. Wenn ihr die Gesetze versteht, die über Materie und Energie herrschen, seid ihr in der Lage, überall im Universum mit Meisterschaft zu gebieten. Energie, Materie und Schwingung sind alles Aspekte der Liebe – die gleichbedeutend mit Gott ist. Wahres Verständnis davon stellt sich nur ein, wenn ihr in Dankbarkeit euer Herz zu dem Einen erhebt, und euer Geist in die Große ICH BIN-Gegenwart des Universums aufgenommen wird. Dann werdet ihr erkennen, dass es keinen Tod gibt, denn das Leben, die Liebe und Gott sind Eins.

Die Freisetzung von Energie ist nicht bloßes Wunschdenken – nicht nur Hoffnung oder Gebet. Eure ICH BIN-Gegenwart ist ein Energiespeicher, mächtiger, als ihr es versteht, groß genug, dass ihr zur Zeit eures Aufstiegs eure physische Form dematerialisieren könnt. Die ICH BIN-Gegenwart kann sogar Berge versetzen. Euer Annehmen und Anrufen dieser Gegenwart hält den Zugang zu dieser unbegrenzten Energie offen. Würde in einem Augenblick die ganze Energie der Gegenwart auf euch freigegeben, gäbe es einen hellen Lichtblitz und euer physischer Körper würde aufhören zu existieren. Diese Große Gegenwart des Lebens, die das Werk des Allmächten Gottes ist, kann diese Energie sofort freigeben, um jegliches Wunder zu vollbringen.

Der Schlüssel zum Verständnis dessen liegt in eurem Herzen. Nur im Herzen können eure Verlangen ausreichend gereinigt werden, damit sich die Grenzenlose Energie Gottes ergießen kann. Lernt, Gott euer Herz zu öffnen, und akzeptiert den Reinen Vollkommenen Plan dieses Vorrates aller Dinge. Dann kann diese Energie durch euch hindurch freigegeben werden, um Arbeit zu vollbringen, jenseits eurer Vorstellung. Stellt jedoch sicher, dass das, was ihr begehrt, der Wille des ICH BIN ist, und nicht euer menschlicher Wille! Ihr mögt auch körperliche Arbeit zu verrichten haben, um das zustande zu bringen, was ihr euch wünscht. Liebt die Arbeit, die euch Gott gibt, und ihr werdet sie vollbringen.

Ihr Gesegneten, wenn die Elemente, die unter meiner Leitung arbeiten, die Aufgabe bekommen, das Wachstum mächtiger Bäume in großen Wäldern zu lenken, oder Gras und Blumen in großen Ebenen, könnten sie sagen, wenn sie das Gesetz nicht kennen würden, dass jeder Stein, auf den sie stoßen, ein Problem sei; jede Schlucht, durch die das Wasser hinunterfließt, ein Hindernis sei, und sie würden vielleicht an der Arbeit verzweifeln und sagen, „Wofür ist es gut, all diese schönen und prachtvollen Dinge auf der Oberfläche der Erde wachsen zu lassen? Mit welchem Aufwand und mit welcher Energie wird das alles erzeugt? Es wird nicht geschätzt. Der Mensch zerstört es nur, sobald er weiß, wie – und er lernt es täglich besser". Aber die Elemente hören nicht auf; sie fahren fort, sie erschaffen und bringen neue Schönheit hervor, neue Vollkommenheit, über alle möglichen Hindernisse hinweg.

Wenn ihr den Klang wachsender Dinge hören könntet, und selbst den Klang von Dingen, die nicht zu wachsen scheinen, wie beispielsweise Steine, so würdet ihr die vollkommene Harmonie aller Dinge hören. Wo ist da der Missklang? Da gibt es keinen. Gibt es da ein Hindernis oder Problem? Nein! So ist es mit euch, denn auch ihr wachst. Das Licht in eurem Herzen tritt hinaus, und auf seinem Weg mag es auf ein hartes Stück Granit stoßen, in Form einer anderen Person. Macht euch keine Sorgen, denn derjenige hat auch einen Grund, dort zu sein, wo er steht, auf seiner Stufe des Verständnisses, und er ist ebenso Teil des Unendlichen. Stellt sicher, dass auch ihr in der Harmonie seid.

Habt einen reinen Beweggrund und eine lautere Absicht. Meditiert über euer Herz und wendet euch an Gott in und über euch, an den dinglichen, wirklichen und Allmächtigen, vor Dem sich das Universum beugt; und sprecht zu dieser Gott-Gegenwart,

Oh, Geliebtes ICH BIN, trete hervor,

Ergieße Deine Reine Energie in diese Situation,

und bringe hier Deine Vollkommenheit zustande.

Dann lasst eure Liebe vorangehen und das vollbringen, was ihr wünscht. Ihr Gesegneten, eure Freude, euer Erleben der Freiheit wird grenzenlos sein. Stellt euch nicht hin und wartet auf die Manifestation, auf ein Anzeichen des Beweises – akzeptiert einfach, dass es getan ist, und es wird getan werden, und weit mehr, als ihr euch erträumt.

Geliebte Schüler, Freunde, ich hülle euch ein mit meinem Herzen und Segne euch heute Nacht und jede Nacht, morgen und jeden Morgen, immerfort. Wenn ihr voranschreitet, seid glücklich. Wandelt standhaft im Licht. Schaut immer nach oben, und, oh ihr Lieben, haltet euer Herz offen, damit die Energien, die die Gegenwart des Lebens, der Allmächtige Gott euch gibt, hinausfließen können, um eine hungernde und dürstende Welt zu segnen. Meine ganze Liebe und mein ganzer Segen sind bei euch, jetzt und immer. Ich danke euch.

KAPITEL 11

WAHRE STILLE
Die Göttin der Weisheit

In der Aktivität des Lichts, das sich über die Erde ausdehnt, kann dauerhafter Fortschritt nur erreicht werden im vollen Verständnis des ICH BIN, und dieses Verständnis ist enthalten in der Trinität der Ungespeisten Flamme – Liebe, Weisheit und Kraft. Liebe ohne Weisheit führt zu physischer Gebundenheit. Weisheit ohne Kraft ist nur ein ruhiger Teich ohne Tätigkeit; und Kraft ohne Liebe ist bloße Gewalt, die Kraft des Willens, andere gemäß euren Wünschen zu binden. Nur die Harmonie dieser drei Kräfte der Ungespeisten Flamme kann deren vollkommene Ausgeglichenheit hervorbringen.

Da ich hier bin, um der Menschheit zu dienen, wünsche ich mir, dass ihr nicht zögert, mich anzurufen. Vor langer Zeit kanntet ihr mich unter einem anderen Namen. Seit jener Verkörperung habe ich den Aufstieg vollbracht und bin dann als Reines und Vollkommenes Wesen vorangeschritten. In all den Zeitaltern wandten sich Männer und Frauen an mich und riefen nach meiner Weisheit, leider riefen die meisten nicht in Liebe, und ich werde nur dort tätig, wo Liebe ist.

Generation für Generation, Jahrhundert für Jahrhundert, hat man die Welt nach Wissen durchforscht, das man Weisheit nannte; aber das ist keine Weisheit. Egal wohin man schaut, findet man Wissen, aber der Pfad zur Weisheit wird nur durch Liebe zu eurer ICH BIN-Gegenwart gefunden, und auch durch den Wunsch, anderen zu helfen.

In dem kommenden Zyklus werdet ihr feststellen, dass es viele alte Vorstellungen gibt, die ihr auflösen müsst. Dann wird die Fülle meiner Weisheit im Geiste und Herzen aller aufflammen. Mein Licht ergießt sich als Mächtiger Goldener Strahl, die höchste Schwingungsrate im Universum nach der Liebe, denn Weisheit ist eigentlich Liebe in Tätigkeit.

ICH BIN die ewig selbe Wahrheit für alle Zeit. ICH BIN die Mächtige Flamme der Weisheit, die in euren Herzen und eurem Geist in einer Myriade von Lichtstrahlen aufgeht, wenn sie gerufen wird, und jedem Liebe und Weisheit bringt.

Ruft mich um Erleuchtung an. ICH BIN die volle Erleuchtung, die für immer jede Unehrlichkeit und Treulosigkeit verbannt, und das volle Verstehen des Lebens bringt, das in den Worten „ICH BIN" enthalten ist. Liebe Schüler von Saint Germain, ich bitte euch eindringlich, eure Aufmerksamkeit diesem großen Licht zuzuwenden, das euer Herz schlagen lässt, und die Erleuchtung, die ICH BIN, wird jede Illusion auflösen und euch Eins werden lassen mit der Wirklichkeit des Lebens.

Ihr Lieben, Weisheit wird erlangt, indem ihr euch in allen Angelegenheiten zuerst an die Gegenwart wendet. Manchmal ist Schweigen die größte Weisheit. Verwendet bei euren Affirmationen niemals negative Ausdrücke, denn beim Gebrauch dieser Ausdrücke stimmt ihr euch genau auf jene Tätigkeit ein, die ihr zu eliminieren wünscht. Wünscht einem Individuum niemals etwas leidvolles, denn die Energie, die ihr aussendet, kommt zu euch zurück. Es kann allerdings Weisheit sein, klar und entschieden Stellung zu beziehen für die Dinge, von denen ihr wisst, dass sie richtig sind.

Ruft als erstes eure ICH BIN-Gegenwart an, all eure menschlichen Verlangen und Illusionen bezüglich der betreffenden Situation, die ihr beeinflussen wollt, aufzulösen, damit die Gegenwart aktiv wird, anstatt euer menschlicher Wille. Übergebt eure Auffassung davon, was falsch oder richtig ist, und vertraut eurem Gott-Selbst; dann könnt ihr nicht fehlgehen. Da es in der äußeren Welt nichts von dauerhaftem Wert gibt, richtet euch nicht an weltlichen Werten aus. Dinge von wirklichem Wert sind immer die inneren. Das sind die sogenannten immateriellen Eigenschaften, die Eigenschaften der Aufgestiegenen Meister, die in jedem

Zeitalter der dauerhafte Grundstein der Menschheit sind, und ohne die es keine Zivilisation gäbe. Es ist zwingend notwendig, dass ihr diese Eigenschaften anstrebt.

Wenn ihr jemanden beobachtet, der, wie ihr glaubt, im Begriff ist, einen Fehler zu begehen, so ruft still dessen Gegenwart an, damit ihm die Wahrheit gezeigt wird. Ich versichere euch, der allerwichtigste Schritt auf eurem Pfad ist es, das Schweigen zu lernen. Ihr müsst eure Zunge meistern, denn es sind diese unkontrollierten Worte, die euch über die Lippen gehen, für die ihr am teuersten bezahlt. Zieht eure Aufmerksamkeit ab von dem Erscheinungs-Bild der Dinge. Beruhigt eure Aufmerksamkeit und akzeptiert euer Einssein mit der Göttlichkeit. Lasst die Göttliche Weisheit des ICH BIN euren Geist und euer Wesen erfüllen mit seiner Goldenen Lichtsubstanz. Besprecht diese Inneren Gesetze nicht mit jenen, die nicht glauben. Wendet stattdessen die Gesetze an. Es macht euch zum Meister jeder Situation, und die euch bei eurer Tätigkeit beobachten, wollen dann diese gleiche Weisheit erlangen.

Bewusstsein erfüllt allen Raum. Lernt, dieses Bewusstsein in der physischen Welt zu konzentrieren, um Meisterschaft zu erlangen. Das Höchste und das Niedrigste, das Ganze und der Anteil sind eins. Wenn ihr das erkennt, kann alles vollbracht werden.

KAPITEL 12

EURE SCHÖPFERKRAFT
Der Venezianer

Der erste Schritt auf dem Weg zur Meisterschaft ist die Ausrichtung eurer Aufmerksamkeit auf eure ICH BIN-Gegenwart. Dann denkt immer daran, dass einer, der dieses Licht trägt, immer bescheiden sein und den wahren Wert eines anderen Menschen erkennen muss. Der Größte unter euch wird jener sein, der am willigsten zur Seite tritt, damit ein anderer oder eine andere sich auszudrücken vermag. Hat einer bestimmte großartige Qualitäten, doch auch Stolz, kann dieser Stolz die guten Qualitäten überwiegen und zu Unheil führen.

Der Meister strahlt Ermutigung, Liebe, Freundlichkeit und Verlangen nach Gott auf das Individuum aus, aber er mischt sich nicht ein. Wenn ein Bruder oder eine Schwester mutwillig einen Fehler begeht, liegt der Fehler bei ihm oder ihr, und wird schnellstmöglich gehandhabt, wenn es keine Störung gibt. Eure Verpflichtung als Schüler des Lichts ist es, eure ICH BIN-Gegenwart anzurufen, die mit der Gegenwart dieses Individuums, das sich anschickt, den sogenannten ‚Fehler' zu begehen, eins ist, und ein Gefühl Göttlicher Liebe und Segens freizugeben, sodass eine falsche Handlung nicht stattfindet. Wenn dann jener eigensinnig fortfährt und die Handlung begeht, schätzt ihn deswegen nicht gering. Ihr wisst nicht, welche Lehre diese Person daraus zu ziehen hat, und euer Gefühl ihr gegenüber sollte sich nicht ändern.

Und hierin ist der nächste Punkt enthalten: Wenn ihr spürt, ihr liebt eine Person mehr als die andere, beraubt ihr euch selbst und die andere Person einer Segnung. Ihr seid verpflichtet, nicht nur jene zu lieben, die eure Liebe zu verdienen scheinen, sondern jene noch mehr zu Lieben, denen durch eure Liebe geholfen werden kann. Ihr seid auf dem Weg des Dienens, zuerst für eure eigene

ICH BIN-Gegenwart, und dann für andere. Diese, die als ‚andere' erscheinen, sind eigentlich eine Spiegelung eurer selbst.

Denkt gut nach, bevor ihr sprecht, denn leere Worte verursachen für die menschliche Rasse unglaublich viel Elend. Bevor ihr eine Aussage macht, denkt gut über deren Auswirkung auf andere nach, die sie zu hören bekommen. Sprecht so, als seien alle Menschen der Welt anwesend, einschließlich der Aufgestiegenen Schar. Nur dann wird eure Rede eine Rede Gottes sein, keinem anderen schaden, und die Worte des ICH BIN werden mit voller Kraft durch euch fließen.

Auch möchte ich euch warnen; wenn ihr in einer Gesellschaft in Stimmung kommt und anfangt zu lachen, veralbert niemanden, und vermischt euer Lachen nicht mit einem unbewussten Gefühl der Überlegenheit, was eine andere Person zu einem Lachen, einem gemeinen Wort, Blick oder einer Geste veranlassen könnte. Selbst wenn ihr es als Spaß meint, seid vorsichtig. Bedenkt, dass verächtlich machende Bemerkungen im Scherz weitaus mehr schmerzen, als offene und direkte Bemerkungen. Sprecht klar und deutlich, denn wenn das, was ihr sagen wollt, wert ist, gesagt zu werden, sprecht es so aus, dass es alle hören könnten. Wenn das, was ihr sagen wollt, nicht jeder Anwesende hören soll, sprecht nicht, und deutet auch nicht an, was ihr denkt. Seht stattdessen die Einheit, von der alle ein Teil sind, und ihr werdet wahrnehmen, dass ihr mit anderen schweigend kommunizieren könnt, und nur das mitteilt, was ihr übermitteln wollt.

Behandelt bei einer Unterredung jeden Menschen wie einen Aufgestiegenen Meister. Denn woher wisst ihr, ob jemand, den ihr trefft, nicht ein Aufgestiegener Meister ist? Ich glaube, ich darf euch etwas recht Verblüffendes sagen. Es gibt einige, die in der Vergangenheit Aufgestiegenen Meistern die Hände geschüttelt haben, ohne es zu wissen. Seht der Begegnung mit einem Aufgestiegenen Meister entgegen, und wenn ihr versucht, anderen Gutes zu tun, wird eure demütig stille Freude bei diesem Dienen euch einen Meister zuführen.

Denkt daran, ihr Lieben, jeder, mit dem ihr Verbindung aufnehmt, ist auf dem geistigen Weg. Wenn ihr ihnen helft, helft ihr euch selbst, denn kommen nicht alle Wesen aus dem Einen hervor? Wenn ihr einen Segen für euren Bruder oder für eure Schwester erbittet, bleiben mehr als sechzig Prozent dieser Energie übrig, um in eurer eigenen Welt zu wirken. Seht ihr nun, weshalb es niemals weise ist, jemanden zu beschimpfen oder zu verdammen? Ihr verstärkt eben dieses gleiche Tun in eurer eigenen Aura. Es erfordert einen Handwerksmeister, um eine Uhr herzustellen, doch ein unvorsichtiges Kind kann diese Uhr in einem Augenblick zerstören; aber kann das Kind sie wiederherstellen? Nein. So ist es mit Individuen; man kann sie gedankenlos leicht zerstören. Jene, die auf dem Weg zur Meisterschaft bewusst vorangehen, versuchen immer, rücksichtsvoll und für andere eine Unterstützung zu sein. Indem ihr eine solche Unterstützung seid, unterstützt ihr auch euch selbst.

Ich habe traurigerweise beobachtet, dass bei Paaren viele Missverständnisse auftreten. Eines der schmerzvollsten Missverständnisse entsteht, wenn einer der Partner fühlt, er oder sie müsse sich scheiden lassen und jede Verbindung abbrechen, um Fortschritte zu machen. Es ist wohl wahr, jede menschliche Bindung ist einschränkend; dennoch sage ich, genügend Verständnis, erweckt durch die ICH BIN-Gegenwart, kann diese anscheinend einschränkende Beziehung zu einem Ergießen Göttlicher Liebe und Göttlichen Segens verwandeln. Liebgewordene Menschen, die eine Trennung erwägen, sollten gut über das Einssein von allem nachdenken. Wie könnt ihr euch in die Gemeinschaft der Großen Weißen Bruderschaft erheben, wenn ihr nicht vorher gelernt habt, miteinander im Dienen zusammenzuarbeiten?

Um noch einmal auf das Sprechen zurückzukommen, denkt daran, wenn jemand zu euch spricht, dass euch diese Person liebt, ganz gleich, was er oder sie sagt. Selbst wenn euch die andere Person beschimpft, würde sie dennoch nicht den Wunsch verspüren, euch zu beschimpfen, wenn es da keine Liebe gäbe. Wenn ihr diese Liebe in jedem erkennt, und diese Liebe durch ihr

Erkennen verstärkt, wird der mit der bösen Absicht sofort damit aufhören in dem, was er tut, und seinen Mund halten. Ihr könnt Menschen mit eurer Liebe verwandeln, und indem ihr die Vision aufrechterhaltet, dass wir alle Brüder und Schwestern in einer Göttlichen Familie sind. Die, in denen ihr keine Liebe sehen könnt, werden euch später wieder gegenüberstehen, oder auch in einem zukünftigen Leben. Trachtet nicht danach, euch auf Kosten eines anderen zu verbessern. Wenn ihr eure Position verbessern wollt, schaut, welch größeren Dienst ihr leisten könnt. Rechnet euch euer Dienen nicht als Verdienst an, denn kein Verdienst gehört euch persönlich; alles kommt von Gott, von eurer ICH BIN-Gegenwart.

Lebt in dem Bewusstsein,

ICH BIN alles, das ich sein möchte.

In diesem Bewusstsein von Erfüllung werdet ihr so viel Harmonie und Freude ausstrahlen, dass ihr andere zu dem Wunsch erhebt, an dieser gleichen Liebe teilzuhaben. Ich hoffe, ihr werdet freigebig lieben, und damit meine ich nicht, was ihr „freie Liebe" nennt. Ruft vielmehr die ICH BIN-Gegenwart an, Ihre Liebe freigebig und uneingeschränkt in einer Ausgießung an jeden freizugeben. Wenn eine Million Menschen das heute täten, nur für fünf Minuten, gemeinsam, würde die so erzeugte Liebe die Welt verändern – und das ist es, was wir uns wünschen.

Aus der Fülle meines großen Schatzhauses, ströme ich in die Herzen und Gemüter der Menschheit, und erfülle sie mit Liebe, mit Licht, mit Freude, mit Überfluss, der nie endet, denn ICH BIN Alle Dinge – ICH BIN die Kraft dieses freigegebenen Lichts. Oh, Du Wunderbare Gegenwart des Lebens, Du Allmächtiges ICH BIN, wir anerkennen Dich in den Herzen und Gemütern und Leben aller Menschen überall. Wir wissen, es gibt nur Gott, Gutes und Vollkommenheit in jedem. Indem wir dies erkennen, sind wir in Frieden, und aller Missklang hört nun auf.

KAPITEL 13

Ihr seid die ICH BIN-Gegenwart

Verschiedene Meister

Ihr Lieben, ihr seid die höchste Gegenwart des Lebens, das ICH BIN. Es ist das Höchste! Ihr seid die individualisierte Flamme Gottes, und durch Anerkennung eurer Quelle bringt ihr Frieden und Harmonie auf diesen Planeten.

Ihr nie endender Energiestrom ergießt sich in eure Körper, in eure Herzen, lässt das Blut durch eure Adern pulsieren, und ermöglicht so Leben. Es ist unmöglich, einen Mangel zu verspüren, wenn ihr erkennt, dass dieses durch euch wogende Leben der wirkende Gott ist. Ihr seid Eins mit diesem Schöpfer. Es ist die gleiche Energie, die ihr verwendet, wenn ihr atmet oder die Hand hebt. Somit ist es unmöglich, dass es euch an Zuversicht, Stärke oder Energie mangelt. Ihr habt die ganze Macht des Lichts, die durch euch wogt, jetzt und immer.

Gott gibt es wirklich! Gott ist in eurem Herzen und in eurem Leben, und erfüllt eure Realität in jedem Augenblick. Dieser Gott bringt euch immer weiter vorwärts und aufwärts, wenn ihr es zulasst. Diese Große Gegenwart des Lebens, die ICH BIN, und die ihr als individualisierter Gott seid, ist das gleiche Bewusstsein, das jeden anderen Individualisierten Brennpunkt Gottes leitet, auf diesem Planeten und im ganzen Universum. Es gibt nur einen Gott! Es gibt nur ein Licht! Dieses ist das ICH BIN. Würdigt es, mit dem großen Bewusstsein, Eins zu sein, und ihr werdet schnell all das wegräumen, was euch zurückgehalten hat.

Es spielt keine Rolle, wie viel ihr studiert – wie viel ihr wisst – aber ihr müsst euch als Eins erleben mit der Ewigen Unauslöschlichen Flamme des Lebens, mit der ICH BIN-Gegenwart. Von dem Augenblick an, da ihr dieses Einssein erlebt, könnt ihr euch nicht mehre davon abwenden, denn von da an wisst ihr, ihr seid diese. Diese Wahrheit ist das Licht der Welt. Ihr seid in jedem

Augenblick mit dieser Großen Gotteskraft verbunden, die euer Herz schlagen lässt. Wendet euch an diese Kraft um Führung und um alles andere, dessen ihr bedürft.

Liebt die große Gott-Gegenwart im Innern, die Quelle des Lebens in euch – eure eigene Göttlichkeit. Erkennt eure Verantwortung als dieses Göttliche Wesen, um zur Tat zu schreiten und Vollkommenheit in die Welt zu bringen. Betrachtet alle, mit denen ihr zu tun habt, in eurem Geist als Abbild der Vollkommenheit, und diese Vollkommenheit wird zu ihnen hinfließen. Ruft eure Gegenwart auf, tätig zu werden, damit sie durch euch wogt und Frieden und Vollkommenheit bringt. Akzeptiert diese große Wirklichkeit augenblicklich, denn sie ist real! Anerkennt sie! Bringt sie zum Ausdruck, sodass euch die Menschen die Hände reichen und mit euch in die Vollkommenheit des bevorstehenden Zeitalters voranschreiten.

Diese Große Gegenwart, die euer Herz schlagen lässt, ist die All-umfassende Unbegrenzte Gegenwart Gottes. Fühlt diese mächtig strömende Energie des Lichts durch euer Herz fließen. Nehmt das Bewusstsein von eurer ICH BIN-Gegenwart in Empfang, die in euren Herzen leuchtet. Dann wendet diese Gesetze an und werdet Meister. Der Lebendige Gott, die Lebenskraft in voller Tätigkeit, wird dann immer durch euch wogen, und euch Schutz und Hilfe geben, oder die benötigte Führung, und das sogar ohne euer Bitten. Lernt Gottes oft unsichtbares Wirken als Wirklichkeit anzunehmen, damit ihr Nutzen ziehen mögt aus diesen unsichtbaren Kräften, den mächtigsten im Universum.

In allen Zeitaltern wurde der Menschheit diese Unterweisung gegeben, vielleicht nur einigen wenigen Versammelten da und dort, oder einem Individuum in einem fernen Winkel der Erde. Langsam, unter Schmerzen, über viele viele Jahre, wurden diese Individuen geschult, erleuchtet und erhöht; und heute sind diese Individuen die Wegweiser für der Rasse.

Wenn ihr in euren Herzen die Worte der Gegenwart sprechen hört, dann ist das ihr Rufen nach euch. Ihr könnt es beantworten, indem ihr eure Gegenwart anruft und ihre Anweisung anhört. Nur auf diese Weise könnt ihr Fortschritte machen und euch über die fesselnden Ketten der Unsicherheit und Begrenzung erheben. Nur auf diese Weise könnt ihr die Ewige Lichtrobe anlegen, für immer die Illusion beiseitelegen, die man Tod nennt, und als Götter durch diese Ewigen Lichthallen gehen.

Jenen von euch, die sich dafür entscheiden, denen zu folgen, die vorausgegangen sind, sage ich, schaut weder nach links noch nach rechts, sondern nur nach vorne und hinauf zum Licht. Singt das Lied der Liebe, das nie endet und allen Raum mit seiner Schönheit erfüllt. Habt keine Furcht, geht vorwärts, lobt die Ewige Gegenwart und sprecht,

Geliebte ICH BIN-Gegenwart, was kann ich noch tun?

Eins zu werden mit der ICH BIN-Gegenwart ist das Ziel für jedes Individuum, und während ihr dieser Gegenwart in und über euch eure Aufmerksamkeit zuwendet, kehrt ihr zurück zur Quelle eures Lebens. Ihr seid dabei, euch auf den Weg zu begeben, der euch voranbringt zu eurem großen Sieg des Aufstiegs. Hört nie auf, an eure ICH BIN Gegenwart zu denken oder Sie anzurufen, andere zu segnen. Hört niemals auf, eure Dankbarkeit auszudrücken, dass diese Wahrheit über euer Wesen, die für so lange Zeitalter verborgen gewesen war, euch schließlich offenbart wurde.

Akzeptiert die Gegenwart in allem, was ihr tut. Bevor ihr irgendeine Tätigkeit beginnt, schaut auf eure Gott-Gegenwart, die über euch ruht und überblickt, was ihr gerade tun wollt. Seht dieses Licht eures Elektronischen Körpers, wie es erstrahlt. Seht das Gott-Selbst über und in jeder Person, und seht sie eingehüllt in das Weiße Licht der Reinheit ihrer eigenen ICH BIN-Gegenwart. Ihr sollt wissen, dass Gott in dieser Person wirkt; und jeder Zustand, den ihr bemerkt, ganz gleich, wie herausfordernd er für euch sein mag, ist das Zustandekommen von Vollkommenheit.

Ruft die ICH IN-Gegenwart als die sofortige Lösung aller Dinge. Ich sagte, ‚als sofortige Lösung', denn in der ICH BIN-Gegenwart sind alle Dinge Eins und existieren außerhalb von Raum und Zeit. Dann wisset, wenn ihr die Anrufung nach Vollkommenheit macht, ist es schon geschehen auf der Ebene des Absoluten. Dann gebt ihr Zeit, ins Physische durchzusickern. Hinterfragt nicht, ob euer Anruf wirkt; akzeptiert einfach, dass er wirkt, und dankt weiterhin der Großen Herrschenden Lebenskraft.

Macht die ICH BIN-Gegenwart zum Mittelpunkt eures Lebens, eures Selbst und eurer Welt. Denkt daran, wenn ihr Eins seid mit eurer Gegenwart, seid ihr der Dreh- und Angelpunkt des Universums, der Mittelpunkt, dem alles Leben entströmt. Diese volle Kraft steht immer bereit zur Freigabe, zu eurer Verwendung.

Nehmt eure Autorität, eure Gottes-Herrschaft voll und ganz an, nehmt das Zepter der Herrschaft fest in eure Hände, geht vorwärts im Wissen, dass alles in die Göttliche Ordnung kommt, wenn ihr die Worte ICH BIN ausspricht. Nehmt eure Gottes-Macht an und fühlt, dass ihr eine Unvergängliche All-umfassende Flamme seid, die Unendlich und Ewig ist.

Die Zeit ist gekommen, wo die Menschheit Farbe bekennen muss! Die Menschheit muss individuell und kollektiv beschließen, die Annahme zu verweigern von allem, das geringer ist, als der Vollkommene Plan. Die einzige Weise, das menschliche Verstehen zur Anerkennung dieses Planes zu erheben, ist, die Schwingungsrate des menschlichen Bewusstseins zu erhöhen. Dann wird menschliches Verstehen Göttliches Verstehen. Deshalb müssen die Schüler des Lichts über dieses Licht meditieren – um ihr Bewusstsein auf diese notwendige höhere Schwingungsrate zu beschleunigen. Ihr müsst erkennen, dass ihr herbeigekommen seid, um zu dienen, und eure Größe wird bestimmt werden von der Größe des Dienstes, den ihr auf diesem Planeten erbringt. Ihr werdet diese Größe jedoch nie erlangen, wenn ihr nicht vorher gelernt habt, euer persönliches Begehren umzuwandeln in das Begehren, anderen zu helfen. Ihr werdet nur glücklich sein, wenn ihr Glück für alle anstrebt. Die Enttäuschungen und der Kummer, die ihr erlebt habt, sollten Beweis dafür sein, wenn alle leiden, leidet auch ihr. Wenn alle glücklich sind, seid auch ihr glücklich, denn ihr seid Teil des Ganzen; und indem ihr euer Bewusstsein erweitert, werdet ihr zum Ganzen. Das Einwirken auf euch wird aufhören; stattdessen werdet ihr zu Wirkenden, zur Gott-Gegenwart. So arbeiten die Aufgestiegenen Meister, und so werdet auch ihr lernen zu arbeiten.

Um ein Meister zu werden, müsst ihr Selbstkontrolle lernen, um die Neigung des niederen Selbst zu disziplinieren, dass es sich nicht hierhin oder dahin wendet, es nicht Anfällen von Leidenschaft, Zorn, Angst, Habgier und Neid unterliegt. Der Intellekt wird euch nicht frei machen. Nur Selbstbeobachtung wird euer Nichtwissen auflösen und euch befreien. Der Weg ist frei. Erhebt euer Herz und seid in Frieden. Ihr sollt wissen, dass die Große Schar des Lichts, die die Bestimmung der Menschheit geschützt und geführt hat, immer noch schützt und führt, denn DAS LICHT GOTTES VERSAGT NIE.

Jesus

KAPITEL 14

BEANSPRUCHT EURE GOTTESHERSCHAFFT
Jesus

Als die Große Zentralsonne, das Kosmische Licht, welches das gesamte Universum lenkt, zum ersten Mal diese Erde ins Dasein rief, kam diese als eine Blendende Sonne des Lichts hervor, herrlich strahlend, und aus ihr entsprangen individuelle Brennpunkte von Gottes eigenem Bewusstsein. Jedes Individuum war sich seines Ursprungs voll bewusst, eins mit ihm und fähig, in der Welt zu leben und nur Liebe zum Ausdruck zu bringen. Das Individuum hatte einen freien Willen und wollte mehr Liebe erfahren und wandte sich daher von seiner Quelle ab und wandte sich anderen Individuen, ja sogar materiellen Dingen zu, um diese Liebe zu erhalten. Jedes individuelle Bewusstsein, das in der Einheit hätte bleiben können, begann, durch eine lange Zeitspanne des Abstiegs in das Bewusstsein der Dualität, eine niedrigere Schwingungsrate, größere Dichte und Verwirrung zu manifestieren.

Damit wurde das karmische Rad von Ursache und Wirkung in Gang gesetzt, der Kreislauf der Wiederverkörperung eingeleitet, durch dessen Umdrehung sich Egos entwickelten. Durch schier endlose Ketten von Ereignissen bewegten sich individuelle Egos voran. Zivilisationen entstanden und zerfielen. Reiche wurden errichtet und brachen zusammen. Sechs große und mächtige Zivilisationen beherrschten die Erde. Die siebente kommt jetzt gerade ins Dasein. Es ist die Geburt der siebenten, die für euch im Moment von Belang ist, denn in dieser grandiosen Zeit wird das Licht Gottes hindurchbrechen müssen, um das Christus-Licht, das sich in jedem von euch befindet, zu erwecken. In eurer Meditation, wenn ihr euer niederes Selbst zur Ruhe gebracht habt, solltet ihr in euren Herzen affirmieren:

ICH BIN das Christus-Licht im Herzen eines jeden Menschen, der in diese Welt kommt.

Ich bin der, der bei euch war, und komme nun wieder. Ich habe euch wirklich nie verlassen, vielmehr habt ihr euch von mir abgewendet, um schließlich, ohne es zu wissen, in die Dunkelheit zu irren. Ich bin mehr als ein Symbol, mehr als ein leeres Bildnis. Ich bin der, den man Jesus den Christus nennt, und die meisten hier unter euch haben einst ihre Liebe zu mir bekundet.

Wenn ihr eure Aufmerksamkeit nach innen wendet, und euren Geist beruhigt, wird es einigen von euch möglich sein, den kosmischen Bildschirm wahrzunehmen, und wie wir darauf bestimmte bevorstehende Geschehnisse darstellen. Seht, meine Kinder, der für diesen Planeten seit langem angekündigte Tag der Finsternis ist gekommen. Die Himmel sind verhangen. Dunkle Wolken hüllen die Erde ein. Während gegnerische Mächte kämpfen, bebt das Land und hebt sich, und Teile davon versinken in den Fluten. Doch hier auf diesem heiligen Boden Amerikas entsteht ein neues Volk, ein Heim für die herrliche Siebente Rasse.

Ihr, meine Lieben, seid die Väter und Mütter dieser Rasse, die jetzt hervorkommt. Schaut, und ich werde euch zeigen, wie riesige Städte entstehen, schön und herrlich. Liebe, Redlichkeit, Reinheit und die Herrlichkeit Gottes werden wieder auf die Erde kommen. Und auf diese Weise wird mein Königreich errichtet werden. Ich werde in meinem höheren Körper kommen, zusammen mit anderen Aufgestiegenen Brüdern und Schwestern aus den ätherischen Städten und Lichttempeln, um die Völker dieses Planeten zu einer Zivilisation des Friedens zu vereinen. Warum seid ihr am Zaudern? Beansprucht eure gottgegebene Herrschaft, schreitet voran und ruft euer Gott-Selbst zur Handlung auf.

Mit dem Wissen über die Veränderungen, die kommen müssen, mögen einige fragen, "Wäre es nicht besser, beiseitezutreten und abzuwarten?". Ich sage euch, euer Vater, die ICH BIN-

Gegenwart, braucht euer Dienen jetzt! Vergesst nicht, ICH BIN gewesen ehe ihr wart, und alles, was ist, kam aus dem ICH BIN. Ehrt euren Ursprung. Wohl wissend, woher ihr kamt, gebt an die Quelle alles zurück, was ihr seid und habt. Ihr Lieben, wenn ihr euch einmal vollständig dem ICH BIN übergeben habt, erwartet euch eure endgültige Bestimmung des Aufstiegs. Ihr könnt eure irdische Erfahrung verlängern – wie ihr es tausende von Jahren getan habt – aber letztlich werdet ihr Freiheit erlangen von den nahezu endlosen Zyklen der Geburt und Wiedergeburt. Letztlich ist für jeden von euch der Sieg des Lichts gewiss, denn ihr seid alle Kinder Gottes.

Wenn ihr eure Aufmerksamkeit nach innen wendet, fühlt ihr, wie die Herrlichkeit des Lichts eurer Gegenwart durch euren Körper wogt, euer Bewusstsein erhebt und erhöht, und zur Vollkommenheit bringt. Es gibt keinen Tod, denn die Große Gegenwart des Lebens ist unbegrenzt. Da es nur Ewigkeit gibt, gibt es kein endgültiges Versagen. Ihr werdet es schaffen, denn ihr seid unbegrenzt.

Unser geliebter Saint Germain, der euer Bruder wie auch mein Bruder ist, hat euch das Gesetz der Aufmerksamkeit nahegebracht, wonach ihr zu dem werdet, worauf ihr eure Aufmerksamkeit richtet; ihr macht das zu eurer Realität, worauf eure Aufmerksamkeit liegt. Also beobachtet euch ständig und steuert eure Gedanken, Gefühle und Worte, die ihr verwendet.

Es gibt viele, die Saint Germains Existenz bezweifeln. Sie fragen sich, „Warum sollte es einen weiteren Christus geben? Ist Jesus nicht genug?". Andere meinen, sie bräuchten niemanden sonst und es genüge, das Einssein zu erlangen. Warum sich vom Einssein abwenden und sich einer Unzahl von Meistern zuwenden? Ich kann euch versichern, dass ihr auf eine Weise Recht habt, denn wenn ihr mit der ICH BIN-Gegenwart in Verbindung treten könnt, reicht das. Doch warum sollte man die Hilfe Vollkommener Wesen ignorieren, die euch Lieben, und ständig bereit sind, euch zu helfen?

Auch ich habe Hilfe gebraucht. Ich habe meinen Aufstieg nicht völlig aus eigener Energie erlangt, denn mein Lehrer und Freund, der Große Göttliche Direktor, bereitete den Weg und half mir beim Vorgang des Aufstiegs. Und auch er wurde von einem anderen Gesegneten geschult, den ihr kennt, und so half jeder dem anderen. Auf diese Weise werden wir durch gegenseitige Hilfe, die in Liebe gegeben wird, in die Vollkommenheit des Lebens erhoben. Daher akzeptiert bitte mich und die Hilfe jener anderen Großen Freunde, die euch jetzt helfen wollen. Dann kann ich oder ein anderer meiner Aufgestiegenen Brüder oder Schwestern, zu jeder Zeit zu euch kommen – um vielleicht Ströme heilender Energie auf jemanden zu lenken – oder euch einfach zu veranlassen, das Richtige zu tun. Eure Dankbarkeit gegenüber der Quelle des Lebens und den Aufgestiegenen Meistern, die mit dieser Quelle eins sind, ist das offene Tor, durch das wir euch weiterhin Hilfe geben können.

Verliert nicht den Mut. Das, wonach ihr gerufen habt, wird kommen. Seid nur geduldig und bleibt in Harmonie mit dem Leben; dann wird alles geschehen, wenn die Zeit dafür reif ist. Ich sage euch jetzt, ihr werdet die Herrlichkeit Gottes auf Erden zu sehen bekommen. Der Tag ist gekommen, wo die Menschheit davon ablassen muss, sich entweder von Emotionen oder vom Intellekt beherrschen zu lassen, und sich an die Gegenwart wenden muss, um die Weisheit zu erlangen, die nur von der Quelle kommt. Nur dann könnt ihr in Frieden und Liebe leben.

Schränkt euch nicht ein – strömt stattdessen Liebe aus! Teilt eure Geschenke mit anderen in einem nicht endenden Strom. Lasst aus euren Herzen die Reinheit eurer Liebe sprechen.

Ich habe euch jahrelang so oft rufen gehört, „Oh, Jesus, oh, Saint Germain, lasst mich euch sehen, damit ich weiß, dass es euch wirklich gibt. Wenn ich euch nur sehen könnte, wäre mein Zweifel verschwunden".

Meine Lieben, warum der Zweifel? Selbst wenn ich für euch etwas Übernatürliches vollbringen würde, würdet ihr morgen wieder rufen, „Oh, warum kann ich nicht noch etwas mehr sehen? Warum geschieht nicht noch einmal ein Wunder?". Ihr habt bereits Wunder des Lichts und der Liebe erlebt. Versucht euch zu erinnern.

Wir wissen sehr genau, was ihr braucht, und wir geben es an euch frei, wenn ihr dafür bereit seid. Versucht nicht, diese Dinge zu ergründen, sondern seid weiterhin versichert, dass es Gott wirklich gibt. Gebt euer Vertrauen in eure ICH BIN-Gegenwart, und nicht an Gerüchte. Niemand und nichts ist stärker als die ICH BIN-Gegenwart. Schenkt eure Liebe dieser Gegenwart, die ICH BIN, damit die vollkommene Welt euer sein möge, um darin zu leben. Ergreift das Zepter der Herrschaft, und fühlt, wie sich das Schöpfungsfeuer in der Welt durch euch ausbreitet. Ihr braucht nur meinen Namen mit Liebe auszusprechen, und alles wird euch zukommen, zu Vollkommen Göttlicher Zeit und Ordnung. Nehmt meine Liebe und meinen Segen an, die ich auf euch ergieße in einem nicht endenden Strom.

Oh, Du Majestätische, Du Strahlende Sonne des Lebens, wir ergießen unsere nicht endende Liebe und Dankbarkeit auf Dich. Wir nehmen Deine Kraft an, und wissen, dass es Licht und nur Licht allein ist, das unsere Welten erfüllt, das uns atmen und Unser Dasein haben lässt, Unsere Existenz. Liebe Gegenwart des Lebens, ICH BIN, lass alle schnell von der Freude und Schönheit erfahren, die im Inneren zu finden ist, in den Inneren Reichen des Lichts und der Wahrheit. Hier weilen wir. Hier hinein ergießen wir unsere Liebe, in diesen Geheiligten Ort, zu dem alle kommen müssen, wenn sie genug geliebt haben, Oh, Du Allesumfangende Sonne des Lichts, du Vater ICH BIN, du Mutter ICH BIN, du Einer ICH BIN.

KAPITEL 15

GELEGENHEITEN KLOPFEN STÄNDIG AN
Nada

Ihr Lieben, wie schön ist es, dass ihr eure Aufmerksamkeit der ICH BIN-Gegenwart zugewendet habt, so kann jetzt euer Fortschritt unbegrenzt sein. Ihr müsst über eure Zweifel hinwegkommen, ob wir euch helfen, denn eigentlich denken wir immer über Wege nach, wie wir helfen können. Ich höre so oft die Klage, „Die Gelegenheit klopft nur einmal an". Ich sage euch, die Aufgestiegenen Meister klopfen ständig an die Tür, um euch Gelegenheiten anzubieten. Alles, was ihr zu tun habt, ist die Tür zu öffnen und anzunehmen, was angeboten wird.

Zusammen mit Saint Germain habe ich bei vielen Anlässen gearbeitet, um kosmischen Fortschritt herbeizuführen. Unter der Strahlung des Großen Göttlichen Direktors und des Maha Chohan und mit der Hilfe von El Morya und Kuthumi haben wir geholfen, viele Zivilisationen aufzubauen. Dieser Dienst wurde nicht immer in unseren Aufgestiegenen Körpern gegeben, doch über tausende von Jahren haben wir zusammengearbeitet.

Wenn ihr aus dem begrenzten Zustand erwacht, werdet ihr auf euren Lebensstrom zurückschauen auf all eure Leben und keinen Zeitverlauf sehen. Ihr werdet euch an jedes Erlebnis erinnern, das ihr wünscht. Natürlich wird es da viele Erlebnisse geben, mit denen ihr euch nicht aufhalten wollt; dennoch werdet ihr das große motivierende Prinzip sehen, das euch zur Befreiung vom Rad des Karma geführt hat, und schließlich in den Aufgestiegenen Zustand.

Ihr lieben Kinder, heute ist Muttertag, was viel bedeutet, denn die Reine Liebe der Mutter für das Kind ist eine der stärksten reinigenden Handlungen. Oh, welch ein großer Segen, wenn die Menschheit zu der Erkenntnis der Schönheit und Vollkommenheit der Mutterschaft kommt. Wie schön ist es, wenn Mütter das großartige Privileg akzeptieren, das sie haben, wenn sie Verkörperungen Gottes hervorbringen, und wenn diese Kinder diese Göttlichkeit, und auch die Göttliche Natur ihrer Mütter erkennen. Welch ein freudiger Segen wird die Ehrung des Weiblichen Prinzips für diesen Planeten sein!

Ihr Lieben, die meisten von euch waren in dem einen oder anderen Leben Mütter. Fühlt an diesem Muttertag ganz besonders, aber auch an anderen Tagen, die Mutterliebe aus eurer Gegenwart durch euch hindurchfließen, als mächtigen Strom der Liebe für die Menschheit. Wenn ihr akzeptiert, dass alle eure Kinder sind, und ihr das Bewusstsein der Göttlichen Mutter selbst in einem männlichen Körper manifestieren könnt, werdet ihr der gesamten Menschheit Gutes tun. In dem Gefühl Göttlicher Liebe gibt es kein Besitzen, nur große Segnung. Wenn ihr all das akzeptiert, was ‚Mutter' bedeutet, und diese Mutterliebe aus eurem Herzen ausströmt, so gebt ihr den größten Dienst, der gegeben werden kann.

Meine tiefste Liebe und meine Segnungen umfangen euch jetzt und immer. Ich danke euch.

KAPITEL 16

UNSCHULD – EIN SCHUTZ
Die Göttin der Unschuld

Aus dem Herzen der Großen Zentralsonne grüße ich euch auf den Strahlen Kosmischer Liebe, und segne euch unendlich. Ihr lieben Menschen der Erde, ihr sollt wissen, dass Reinheit möglich ist, und dass Reinheit Stärke ist. Wisset, dass Unschuld, die Qualität, die ich auf diesen Planeten ausstrahle, eure grundlegende Natur ist, von Kindheit an bis ins hohe Alter. Habt keine Angst vor dieser Unschuld, die in euren Herzen erwacht, wenn eure Beweggründe rein sind. Wenn ihr zu irgendeiner Zeit über eure Beweggründe verwirrt seid und mich dann anruft, werde ich euch die Unschuld, die in eurer Natur liegt, wieder vor Augen führen, was eure Beweggründe klären wird.

Die Zeit ist gekommen, im Kosmischen Leben eures Planeten, für jene, die Unschuldig sind, von dem Großen Kosmischen Licht geschützt zu werden. Jene, deren Beweggründe selbstsüchtig, unharmonisch oder zerstörerisch sind, werden feststellen, dass sie keinen Schutz vor ihrer letztendlichen Zerstörung haben. Habt keine Angst davor, unschuldig zu sein. Wenn euer Beweggrund Rein ist, wird das Gesetz des Lebens dafür sorgen, dass ihr geschützt seid.

Begehrt nie, zu klug zu sein, sondern seid freundlich und liebevoll, wie es euch euer Freund Saint Germain so oft nahegelegt hat. Liebt einander herzlich, und segnet einander bei euren Anrufungen des Lichts. Lasst euren Segen hinausströmen, um der Menschheit zu helfen, die ganz dringend mehr Liebe und mehr Unschuld braucht. Seid rein in Körper und Geist. Lasst eure Beweggründe aus dem Herzen kommen, und ihr werdet immer den Mut haben voranzuschreiten, durch jede Unstimmigkeit. Wenn ihr mich anruft und mein Ausströmen der Unschuld, die ich bringe, annehmt, werdet ihr eine Einfachheit des Lebens entdecken, die die Lösung für Probleme bringt, bevor ihr diese überhaupt realisiert habt.

Ihr werdet sehen, wie Große Freunde auftauchen und euch helfen, schützen und bewahren, oft vor Gefahren, derer ihr gar nicht gewahr seid, denn in eurer Unschuld und Reinheit kommt das Licht zu eurer Verteidigung. Das Licht, das die Herzen und Gemüter der Individuen erfüllt, auch wenn sie dessen nicht gewahr sein mögen, ist das Licht, das sie führt, erhält und schützt, auf dem Weg zum Sieg des Aufstiegs.

Zögert nicht, mich anzurufen, denn ich freue mich über die Maßen, für euch von Nutzen zu sein. Es ist lange her, dass ich mit einer Gruppe auf der physischen Ebene gearbeitet habe, weil sich die Menschen von der Unschuld abgewendet haben. Jedoch hat eure Reinheit des Herzens es mir ermöglicht, zu euch zu kommen. Ihr könnt mich anrufen, so oft ihr wollt – denn ICH BIN mit euch, und werde euch helfen, was immer ihr tut. Ihr Lieben, seid euch der Schönheit und ruhigen Kraft der Unschuld bewusst, und nehmt meine Liebe und meinen Segen an, jetzt und immer.

KAPITEL 17

REINHEIT – EIN NATÜRLICHER ZUSTAND
Die Göttin der Reinheit

Es ist eine lange Zeit her, dass es mir möglich war, sehr weit in die Atmosphäre der Erde zu kommen – eine lange Zeit für jeden, außer für Aufgestiegene, die eng mit der Menschheit zusammenarbeiten, wie euer Meister Saint Germain, und in die Dichte und Dunkelheit dieses besonderen Bereichs einzudringen. Wie groß ist meine Freude, mit euch zusammen zu sein, ihr könnt es nicht ermessen. Wie wunderbar es ist, allein die wenigen von euch zu sehen, die sich genügend gereinigt haben, um mich empfangen zu können, und mit euch Eins zu sein.

Ihr Lieben, wie sehnen wir doch jenen Tag herbei, an dem die gesamte Menschheit die Freude der Reinheit kennen wird, physisch, geistig, emotional und spirituell. Wir wissen, es ist nicht einfach, aber wir wissen auch, dass mit eurem aufrichtigen Anrufen eurer eigenen ICH BIN-Gegenwart und der Aufgestiegenen Schar, alle Dinge möglich Sind. Ihr Lieben, wenn ihr eure Aufmerksamkeit jeden Tag der ICH BIN-Gegenwart zuwendet und ihrer funkelnden Wirklichkeit zunehmend gewahr werdet, werdet ihr gleichermaßen zunehmend der Gegenwart der Aufgestiegenen Meister gewahr, die mit euch arbeiten. Ihr solltet unserer ebenso gewahr werden, wie ihr des Sonnenlichts gewahr seid, des Regens und der sanften Gegenwart der wehenden Winde.

Ihr Lieben, der wesentliche Zustand der Menschheit ist Reinheit, und in dieser Reinheit liegt das größte Glück. Welch einen Fehler haben die Menschen in all den Jahrhunderten begangen, zu glauben, sie müssten schmutzig und vulgär sein, um glücklich zu sein, wenn doch die natürliche Sache die ist, Gott-ähnlich zu sein, Rein zu sein, und eins mit dem Ewigen Licht. Reinheit besteht nicht aus rigoroser Kontrolle, sondern ist einfach ein Ausströmen von Liebe zu Gott, den Meistern und euren Mitmenschen. In der Reinheit selbstloser Liebe ist die Vollkommenheit, die ihr anstrebt.

Wie zufrieden ich bin, unter euch zu sein und die Strahlung der Reinheit zu sehen, die ihr verströmt. Oh, ihr Lieben, natürlich gibt es in der physischen Welt gewisse Dichten und Versuchungen, die euch das Gefühl geben, von Reinheit weit entfernt zu sein. Dennoch versichere ich euch, ihr werdet Reinheit, Stärke, Kraft und das Licht finden, wenn ihr euch einfach eurem eigenen Strahlenden Gott-Selbst zuwendet, eurer ICH BIN-Gegenwart, die euch schnell und sicher zu eurem bestimmten Sieg voranbringt. Ruft mich an, und ich werde euch helfen.

Ihr Lieben, ein Wort zur Warnung: Es ist leicht für jemanden in physischer Verkörperung, auf die Handlungen eines anderen zu schauen, und in Gedanken zu urteilen, „Der sollte dies oder das tun, warum tut er es nicht?".

Ihr wisst nicht, von eurem begrenzten menschlichen Gesichtspunkt aus, ob das Individuum, das ihr beurteilt, seine oder ihre Aufgaben erfüllt; deshalb urteilt einfach nicht. Gebt diesem Individuum eure Liebe, und zögert nicht, einander zu lieben. Wendet euch an diese Große Gegenwart, die euer Herz schlagen lässt, das Beurteilen anderer zu beenden, und ruft stattdessen nach der Fülle von Liebe, Frieden und Reinheit, um jenen, über den ihr gerade urteilen wolltet, zu führen und zu segnen. Akzeptiert diese Reinheit, und ihr werdet eure Schwingungsrate erhöhen, sodass ihr schnell und sicher zu eurer höchsten Vollkommenheit aufsteigen werdet. Die Dinge, auf denen eure Aufmerksamkeit ruht, werden hervorgebracht. Wenn ihr Vollkommenheit, Licht, Schönheit, Reinheit, Liebe ernsthaft begehrt, werden sie euch gegeben werden. Denkt auch daran, ihr könnt nicht das bekommen, was ihr nicht bereit seid wegzugeben. Stellt sicher, dass ihr für andere das begehrt, was ihr für euch begehrt. Euer Begehren ist nicht Rein, solange ihr Gott nicht dankbar seid, und gleichzeitig anderen Mitreisenden auf dem Weg das anbietet, was ihr für euch begehrt.

Die Zustände, denen die Menschheit heute gegenübersteht, sind entsetzlich, aber die dunkelste Stunde ist die vor der Dämmerung. In der Schönheit und relativen Ruhe eurer gegenwärtigen Umgebung könnt ihr nicht einschätzen, was andere gerade durchleben, doch den östlichen Horizont färbt bereits das erste schwache Glimmen eines Neuen Goldenen Zeitalters des Fortschritts der Welt. Die Hoffnung ist nicht tot in den Herzen der Menschheit. Jedoch brauchen sie Individuen, die Reinheit erlangt haben, die unter ihnen mitreisen. Der Tag wird kommen, ihr Gesegneten, an dem die Atmosphäre klar sein wird, rein, und funkelnd vor Licht, und die Menschheit wird die Freude der Reinheit wieder fühlen, welche die Reinheit mit sich bringt.

Gesegnete, steht in dem ewig Gleißenden Licht! Fühlt es! Würdigt es! Seid euch unserer Nähe zu euch gewahr, wie wir mit euch vereint arbeiten. Dann wird in euch Mut, Stärke und Friede wachsen, die durch Wissen kommen. Wenn ihr euch dem Licht in euch zuwendet, so wisst, dass wir eins sind mit diesem Licht. Ruft dieses Licht an, Das ICH BIN, dass ich mehr von mir selbst gebe, meine Reinheit. Meine Liebe umfängt euch ewig!

KAPITEL 18

Freiheit

Saint Germain

Ich bringe euch Grüße von den Großen Chohans der Strahlen, den Göttern der Berge, den Göttern der Elemente, von den vielen, die sich an diesem Neujahrsabend im Königlichen Teton versammeln. Ich bringe euch besondere Grüße von dem großen Maha Chohan und von euren anderen mächtigen Freunden.

Die menschliche Erfahrung auf der Erde war über viele Jahrhunderte eine ständige Herausforderung für jeden von euch, denn die Welt ist von Zwietracht, Krieg und Zerstörung sehr durcheinandergebracht worden. Jahrhundert um Jahrhundert hat die Menschheit ihre Aufmerksamkeit dem Erwerb von Reichtum und Macht zugewandt. Jahrhundert um Jahrhundert waren die Menschen ich-bezogen – bemächtigten sie sich der Macht Gottes für eigennützige Zwecke.

Aus der großen brodelnden Masse der Menschheit, die die Erde bevölkert hat, ist eine kleine Anzahl Aufgestiegen; und diese Gruppe Aufgestiegener Wesen, die sich für das Licht eingesetzt haben, ist in hohem Masse für den erreichten Fortschritt verantwortlich. Außerhalb dieser Gruppe gibt es die vielen, die den feineren Empfindungen im Herzen keine Beachtung schenken, und stattdessen im ständig sich verändernden Dünensand der Dualität Glück zu erlangen suchen. Vor langer Zeit entschied ich, irgendwann und irgendwo eine große Nation Aufgestiegener Meister hervorzubringen. Mit diesem Ziel vor Augen, war ich bestrebt, jene zu erleuchten, die ich erleuchten konnte – jene, die für das Licht bereit sind.

Jetzt, trotz aller Störungen, Unordnung und mangelnder Mitarbeit, sage ich immer noch, ich werde diese große Nation Aufgestiegener Meister errichten; und die Zeit ist reif, dass diese kommt. Zur Jahrhundertwende (1900) haben wir, die im Aufgestiegenen Zustand, die wir das große Kosmische Gesetz von Ursache und Wirkung in Aktion beobachten, und sehen, dass die Tage dieses Planeten gezählt sind, wenn nicht Frieden herbeikommt, beschlossen, die Fülle des Erleuchteten Verstehens an die Menschheit freizugeben. Wir hofften, dass dieses Verstehen jene, deren Licht groß genug war, befähigen würde, das Zepter der Herrschaft zu ergreifen und frei zu sein. Aufgrund meiner Position als Botschafter Gottes auf dem Siebenten Strahl fiel mir das Los zu, der Meister zu sein, der das kommende Goldene Zeitalter leiten soll – ICH BIN nun dabei, das zu tun – hoffentlich mit eurer Hilfe.

Als ich mich nach denen umschaute, die stark genug sind, dieses große Licht zu tragen und es an die Menschheit freizugeben, stieß ich auf meine Kinder von einst, eure lieben Botschafter (Godfre und Lotus); und so passte ich auf sie auf und arbeitete mit ihnen von den Inneren Reichen aus, auch wenn sie meine Hilfe nie wahrnahmen.

Damit sie meine Botschafter sein konnten, war es notwendig, dass sie lernten, der Welt zu entsagen; und so gingen sie durch viele herausfordernde Erfahrungen, die ohne meine Unterstützung viele Verkörperungen erfordert hätten. Ich lenkte ihre Schritte durch viele Erfahrungen im ganzen Land. Es zeigte sich bald, dass der, den ihr als Godfre Ray King kennt, sich als derjenige erweisen würde, durch den diese große Wahrheit herausgegeben werden konnte. Als ich meine Feststellung meinem Meister berichtete, dem Großen Göttlichen Direktor, schaute er sich die Szene an und sagte, „Ich glaube nicht, dass es getan werden kann".

„Ich möchte es trotzdem versuchen", antwortete ich.

„Nun gut", sagte er, „Trenne Godfre von seinem Heim und von allen äußeren Dingen, und lass uns schauen, was geschieht."

So wurde Godfre veranlasst, seine Heimat zu verlassen, und er fand sich in Kalifornien wieder, ohne zu wissen, warum. Dort begann die wirkliche Entwicklung. Ich inspirierte ihn, nach Mount Shasta zu reisen, wo sich seine Erlebnisse ereigneten, die in *Unveiled Mysteries** aufgezeichnet sind. Ihr müsst wissen, dass sich diese Erlebnisse im Reich des Lichts ereigneten; sie sind keine menschlichen Erlebnisse, sondern vielmehr ätherische Erlebnisse, bei denen ein menschliches Bewusstsein eine Rolle spielte.

Ich führte dann Godfre und Lotus wieder zusammen, und gemeinsam bildeten sie einen kraftvollen Brennpunkt. Auch wenn sich Fehler einschlichen, so wurde doch viel Gutes vollbracht. Ihr mögt vielleicht fragen, „Wie konnten sich Fehler einschleichen, wenn es doch ein Werk eines Aufgestiegenen Meisters war?".

Ihr Lieben, ehe ihr nicht den Aufgestiegenen Zustand erlangt habt, macht ihr noch Fehler, ganz gleich, wie erleuchtet ihr seid. Wenn ihr zu euren Fehlern steht, und das Gesetz der Vergebung anruft, könnt ihr euch über sie erheben, und die Menschheit wird euch in Erinnerung behalten, nicht wegen eurer Fehler, sondern eurer Erfolge wegen!

Nachdem ich meine Botschafter auf der inneren Ebene dreißig Jahre lang geschult hatte, ging ich auf sie in berührbarer Form zu, arbeitete mit ihnen, und errichtete durch sie einen mächtigen Brennpunkt des Lichts. Ich gab ihnen fünf Jahre Zeit zur Durchführung meines Auftrages. Danach sollten sie sich zurückziehen, aber als die Zeit kam, weigerten sie sich, angesichts der Notlage der Welt, sich zurückzuziehen. Sie glaubten, einen noch größeren Dienst leisten zu können, wenn sie im aktiven Dienst blieben. Sie baten um meine Erlaubnis, und da ich nie befehle, sondern mit Liebe lenke, erklärte ich ihnen, was jeweils geschehen würde, wenn sie sich entweder von der Welt zurückzögen oder im Dienst verblieben. Nachdem sie mich angehört hatten, beschlossen sie, trotz meiner Warnung, fortzufahren, und ich versprach,

---

* Godfre Ray King, *Enthüllte Geheimnisse,* Starczewski, 1993.

ihnen weiterhin zu helfen, wann immer es mir möglich sein würde. Ich sage euch – und behaltet das gut in eurem Bewusstsein – jede Nation, jede Regierung, die nicht dem Licht dient, die nicht anerkennt, dass es eine Macht größer als sie selbst gibt, die sich weigert, ihrem Volk Freiheit und Liebe zu geben, diese Nation wird zugrunde gehen! Jede! Die Mächtigste wird die weniger mächtigen zerstören; dann werden die Mächtigen sich gegenseitig zerstören, dann wird die Menschheit schließlich wieder lernen, was sie einst, vor tausenden von Jahren, gelernt hatte, dass allein Gott Groß ist, dass das Licht Ewig ist, und dass nur Liebe allein real ist.

Jede Sekunde eurer Verkörperung kann von nun an mit transzendentem Dienst an der Menschheit zugebracht werden. Ihr müsst nicht predigen. Ihr müsst nicht herausragen und Wunder vollbringen. Alles, was ihr tun müsst, ist, dieses Gesetz zu leben, und es so schön zu leben, dass ihr andere inspiriert, es gleichermaßen zu tun. Ihr seid meine Kinder, und für jede uneigennützige und schöne Sache, die ihr tut, ergieße ich auf euch meine Liebe in einem nicht endenden Strom; aber wenn ihr darauf beharrt, eure Energie zu verschwenden, eure Aufmerksamkeit bedeutungslosen Dingen zuzuwenden, wenn ihr darauf beharrt, zu streiten, wenn ihr darauf beharrt, untereinander die Fehler im anderen zu sehen, dann kann ich euch nicht helfen. Ich helfe jenen, die meine Nähe zu ihnen fühlen können, die mich Lieben, die meine Hilfe ausreichend wollen, um meine eigene Energie und mein eigenes Bewusstsein in sich aufnehmen zu können.

Ob ihr mich für real haltet oder nicht, diese Worte sind jedenfalls real. Also beachtet sie und lernt, euren Geist zu beruhigen. Lernt, auf alle Dinge einen anhaltenden Strom der Liebe zu ergießen. Lernt, in Harmonie und Frieden miteinander zu leben. Während ihr das tut, werdet ihr euch mit anderen Gleichgesinnten zusammenfinden, um die Neue Welt zu errichten – und alle, die eure Strahlung fühlen, werden euer Licht und eure Liebe annehmen, und mit euch zusammenstehen, um das Neue Goldene Zeitalter hervorzubringen.

Wenn ihr lernt, euer Herz zu öffnen, ihr Lieben, und dort euer Bewusstsein verankert, werdet ihr das Universum schauen. Wenn ihr erkennt, ICH BIN das Einssein Aller Dinge, dann habt ihr die Offene Tür zur Freiheit gefunden.

Oh, ihr Teuren, sucht nicht mehr in der äußeren Welt nach Führung, oder gar nach spirituellen Botschaftern da draußen, sondern sucht im Innern nach eurem Wahren Selbst. Akzeptiert die volle Macht Gottes in euch. Akzeptiert meine Liebe, meine Realität in euch. Nur dann werdet ihr erkennen, dass ich kein Märchen oder eine Fantasie bin. Akzeptiert keinen Raum zwischen euch und Gott. Es gibt keinen Raum, es gibt keine Zeit, denn alle Dinge sind Eins. Wendet euch nach innen, euch selbst zu. Wenn ihr so in der Stille in eurem Zimmer sitzt, erweitert eure Innere Welt; erweitert sie so lange, bis ihr in euch das ganze Universum seht. Dann werden in dieser Stille alle Dinge klar werden. Ihr werdet unsere Realität sehen. Ihr könnt das nicht mit eurem Verstand erfassen, sondern nur mit eurem unbegrenzten Bewusstsein.

Dieses sind die Ewigen Gesetze des Lebens. Sie werden weiterbestehen, trotz menschlicher Denkweise und Meinungen, trotz künftiger Veränderungen. Diese Gesetze werden Bestand haben, und jene, die sie befolgen, werden zu ihrem endgültigen Sieg voranschreiten. Für jeden wird sich der Weg öffnen, der Weg, den ihr gehen sollt. Einige werden den einen Weg gehen, andere einen anderen. Jene, die den falschen Weg einschlagen, werden immer wieder die Gelegenheit haben, sich neu zu entscheiden in einer zukünftigen Zeit. Keiner ist zu ewiger Qual verdammt. Es gibt keine Hölle, außer der, die ihr selber für euch erschafft. Wir haben nur einen Wunsch, und der ist, zu segnen, zu heilen, zu stärken, zu ermutigen – und das Licht zu bringen.

Es gibt nichts Herrlicheres als dieses Licht. Es gibt nichts Mächtigeres, als an den höchsten Idealen dieses Lichtes festzuhalten. Diese Ideale sind eine Große Realität, und sie sind wertvoller als Gold oder Juwelen. Beziept Stellung mit eurer ganzen Liebe eures Wesens, und diese Ideale der Liebe, Schönheit, Ehre und Vollkommenheit werden für immer in euch verweilen.

Beziehungen

Ich möchte, dass ihr bestimmte Aktivitäten zwischen Mann und Frau richtig versteht, und die falsche romantische Vorstellung, dass der Partner ein besonderer Besitzteil sei. Wenn dieses Gefühl von Besitzanspruch aufkommt, dann braucht es manchmal eine Explosion, um das zu bereinigen.

Wenn die Menschheit doch nur erwachen und realisieren würde, dass Göttliche Liebe die Essenz des Lebens ist, die herausströmen muss – nicht nur zu einem Individuum – sondern zu allen, der Himmel würde sich auf Erden manifestieren. Es gibt nichts Limitierenderes für euer Wachstum, als euch durch eine Bindung an eine andere Person zu fesseln.

Ihr Lieben, bitte versteht, jeder von euch hat seine eigene ICH BIN-Gegenwart, die die Höchste Quelle allen Lebens ist, und ihr könnt eure Aufmerksamkeit dieser Gegenwart in jedem Moment zuwenden und direkte Hilfe bekommen. Viele haben die irrige Vorstellung, sie müssten sich auf eine andere Person stützen, und dies hat dazu geführt, dass eine große Anzahl Menschen unter der Herrschaft von anderen steht.

Ihr solltet in voller Gewissheit darüber sein, dass euer Sieg über alle menschlichen Unbill, und euer endgültiger Aufstieg in das Licht, von eurer Aufmerksamkeit auf diese ICH BIN-Gegenwart und dem Gehorsam zu ihr abhängt. Ihr erlangt euren Aufstieg nicht mit jemand anderem, sondern für euch allein. Früher oder später muss jedes menschliche Wesen dieser Tatsache ins Auge sehen. Ihr kamt in die Welt allein und ihr geht aus der Welt allein, und ihr erhebt euch in eure ICH BIN-Gegenwart allein.

Ich sage dies mit aller Liebe und Freundlichkeit meines Wesens, aber ich wünsche mir, dass ihr unmissverständlich versteht, dass diese Abhängigkeit voneinander die Menschheit an das Leidens-Kreuz fesselt, Generation für Generation. Wie sehr freuen wir uns, wenn wir ein Individuum finden, dass die menschlichen Bänder, die fesseln, ablegt, sich Gott zuwendet, der ICH BIN-Gegenwart, und sagt,

In Deine Hände, mein Vater, lege ich alle Dinge.

Dann ist die Freude, das Glück der Aufgestiegenen Meister-Oktave, für euch greifbar geworden. Solange das Individuum darauf beharrt, einen anderen Menschen über seine eigene Gegenwart zu stellen, wird es niemals die Herrlichkeit, den Glanz, die Schönheit und Vollkommenheit der Inneren Reiche des Lichts erfahren.

Wollt ihr nicht tun, was ich euch vorschlage? Geht in euch und ruft eure ICH BIN-Gegenwart in Aktion. Bittet Sie, euch ohne Ausnahme und geistige Vorbehalte, freizuschneiden von jedem menschlichen Wesen, das euch behindert. Dann steht firm und tretet eurem eigenen Gott-Selbst gegenüber und bittet um sein Licht von oben, herunterzufließen, in und durch euch hindurch; und sagt,

Du ICH BIN,

Du Höchste Quelle allen Lebens,

Ich anerkenne nur Dich, und

Übergebe mein Leben in Deine Obhut,

Meine Energie, und meine Substanz -

Welche tatsächlich Dir gehören.

Fortan gibt es nur noch Dich.

Ihre Geliebten, wenn ihr das tut, werdet ihr eine so große Freude erleben. Allerdings, wenn ich euch bitte, frei zu sein, meine ich nicht, dass ihr losrennen sollt und euch scheiden lasst, eure gegenseitigen Verpflichtungen vergesst, oder euch der Gesellschaft anderer verweigert. Wisset nur, ihr Lieben, dass die Bindungen, die festhalten, andere sind als die Bande der Liebe; und ihr habt jedes Recht, die Gegenwart in Aktion zu rufen, diese fesselnden Bindungen aufzulösen und sie durch die Bindungen der Liebe zu ersetzten, die niemals limitieren oder in irgendeiner Weise behindern.

Ihr müsst Standhaftigkeit üben in dieser Angelegenheit. Lasst kein menschliches Wesen die Erfüllung eures Begehrens beeinträchtigen. Ruft eure ICH BIN-Gegenwart, dass ihr ein Wesen der Liebe allein werdet, und akzeptiert, dass eure Gegenwart unmittelbar in der Lage ist, diese Liebe in eurer Welt jetzt und für immer zu errichten.

Aus dem Reich des Lichts kommen alle Dinge, und in das Licht kehren schließlich alle Dinge zurück. Nachdem mehr Licht ausgedrückt wurde, werden alle Dinge Eins. Beansprucht, ein Teil der Großen Zentralsonne zu sein. Oh, Du Großes Umfangendes Licht, erhöhe das Bewusstsein eines jeden. Lass jeden Das sehen und verstehen. Oh Wunderbares ICH BIN.

Fühlt euer Herz als die Große Zentralsonne, und seht ihre Myriaden von Strahlen eine Himmlische Decke weben, die euren Planeten umhüllt. Betrachtet euch als ein Kosmisches Wesen. Akzeptiert eure Göttliche Verantwortung. Akzeptiert eure momentane Gott-Aktivität. Akzeptiert eure Realität als einer von uns. Vor Deinem Allgegenwärtigen

Alles-erfassenden Licht, Oh, Großes ICH BIN, verbeugen wir uns, und nehmen Dich ewig in allen Dingen an. Ich danke Dir.

KAPITEL 19

EIN ELOHIM KOMMT DER ERDE ZU HILFE
Arcturus

Ich bin in der Atmosphäre eures Planeten einige Tage gereist, um die Lage hier in Augenschein zu nehmen. Saint Germain hat euch gesagt, dass die Zustände hier weit besser sind, als ihr glaubt; dennoch, es herrschen Zustände, die aus menschlicher Ignoranz entstehen, die der Korrektur bedürfen. Es gibt viel Unstimmigkeit und Missverständnisse zwischen Nationen, Rassen, Religionen, Glaubensrichtungen und militärischen Cliquen. Im Grunde, Ihr Lieben, entsteht Unstimmigkeit für die meisten Menschen fast in jedem Augenblick. Ich lasse deshalb bestimmte Zustände außer Acht, welche diesen Planeten eine lange Zeit in Mitleidenschaft gezogen haben, und es ist jetzt für die Menschheit leichter, sich aus dieser Begrenzung zu erheben, und die Gegenwart Gottes anzunehmen.

Ihr Lieben, die Menschheit hat tausende von Jahren eine große Ungleichheit zwischen dem Männlichen und dem Weiblichen zugelassen. Ich werde diese beseitigen, damit sich die Menschen untereinander besser verstehen, und die Beziehungen der Individuen zueinander in Harmonie kommen. Diese Schwierigkeit für Männer und Frauen, sich gegenseitig zu verstehen, hat sich über die Jahrhunderte gebildet, und hat einen großen Teil der Dissonanz in der Welt verursacht. Ihr werdet jetzt einen aufkommenden Wandel bemerken, denn ich habe einen unabänderlichen Erlass ausgegeben, der erfüllt wird. Ihr werdet euch jetzt gegenseitig besser verstehen lernen; und Gottes-Bewusstsein wird die Atmosphäre so sehr durchdringen, dass die Befriedigung sinnlicher Begierden, die der Brennpunkt der meisten Beziehungen war, von geringerer Bedeutung sein wird. Nur wenn ihr frei von Anhaftung seid, könnt ihr in Harmonie mit anderen leben. Nur wenn ihr frei von Anhaftung seid, könnt ihr mit eurem Wahren Selbst verschmelzen, dauerhafte Freiheit erlangen, und als Meister aufsteigen.

Gesegnete Menschen dieser Erde, die Absichten eures Herzens sind es, was die Meister interessiert. Was ihr in euren Herzen denkt und fühlt, zu dem werdet ihr. Eure Handlungen sind nichts als Schatten-Spiele auf dem Treibsand der Illusion. Es ist nichts Dauerhaftes in euren Handlungen. Die einzige Beständigkeit liegt darin, was aus euren Herzen strömt. Ihr kommt in diese Welt mit diesem Herzen, und geht mit diesem Herzen. Ihr seid Eins mit eurer Herzens-Flamme, und diese Flamme ist Gott.

Lebt als ursächliches Wesen, eure Liebe lasst hinfließen – nehmt nicht passiv das Leiden als unabdingbar hin – sondern lebt beherzt, als das Ausfließen von Gottes Herrschaft auf der physischen Ebene.

Die Antwort auf jedes scheinbare Problem findet sich in eurem Herzen. Dort findet ihr eure Führung. Die Lösung für jedes Problem liegt in eurem Ruf nach der ICH BIN-Gegenwart. Der Erfolg für jede Anstrengung liegt in der Ernsthaftigkeit eures Begehrens.

Steh auf und biete dich dem Leben an! Sei die Fülle der Schönheit der Liebe! Lass die Freude deiner Liebe hinausfließen und auflösen den bloßen Anschein von Missklang! Erwecke andere durch dein Beispiel!

Anmerkung von Saint Germain:

Arcturus ist ein großes Kosmisches Wesen, bekannt als Elohim. Ihm verdankt die Menschheit ihr Überleben. Vor Millionen von Jahren hat dieses Großartige Wesen durch Sein individuelles Handeln die Auflösung der individuellen menschlichen Flammen verhindert, die großen Missklang im Sonnensystem erzeugt hatten. Arcturus ist das Kosmische Wesen, das für das Sonnensystem, das den Stern Arcturus umgibt, verantwortlich ist. Es gibt eine Beziehung zwischen diesem Sonnensystem und dem von Arcturus.

KAPITEL 20

Euer Losungswort
Victory

Ihr Lieben, als Teil eurer Ausbildung müsst ihr das Bewusstsein der Dreifachen Flamme in euch erlangen. Ihr habt euch durch viele Schmerzen ein Verstehen Wahrer Liebe erworben. Erlernt nun Weisheit und Kraft, damit das volle Wirken der Flamme von innen hervortreten kann.

Wenn ihr das Licht verbreiten wollt, müsst ihr das Licht sein. Vergeudet nicht eure von Gott gegebene Zeit damit, illusorischen Dingen nachzulaufen, wenn ihr in diesem Augenblick in der Gegenwart eures Gott-Selbst stehen könnt, das Liebe, Weisheit und Kraft verströmt, um in einem nicht endenden Strom alle Wesen zu segnen. In dieser Gegenwart gibt es nichts, das ihr nicht tun könnt. Übernehmt Verantwortung für euer Licht. Erkennt, dass ihr, wenn ihr die Verantwortung für eine Tätigkeit übernehmt, Gott gelobt habt, diese zu tun. Dann liegt es an euch, als wirkender Gott, dass sie vollendet wird. Da ihr eins seid mit Gott, nehmt keine Begrenzung hin.

Das bedeutet, haltet euer Wort, auch in kleinen Dingen. Wenn ihr jemandem zusagt, etwas für ihn oder für sie zu tun – so tut es! Selbst wenn ihr andere Dinge zurückstellen müsst – tut, was ihr versprochen habt! Gebt euer Versprechen nicht leichtfertig, aber wenn ihr es gebt, haltet es ein. Die Meister werden euch nur dann einsetzen, wenn ihr zuverlässig seid.

Saint Germain hat euch bereits die Sieben Grade des Bewusstseins erklärt, und ich möchte erklären, wie bestimmte Farben und Schwingungsfrequenzen diesen Graden entsprechen.

Man hat euch gesagt, dass Schwarz und Rot keine Frequenzen der Aufgestiegenen Meister sind. Wenn ihr die Grenze vom ~~menschlichen~~ zum Göttlichen überschreitet, vom dritten zum vierten Grad, bewegt ihr euch aus dem Menschlichen in ausreichendem Maße heraus, um eine Höhere wirkende Kraft zu erkennen. Von da an sollte das Individuum vermeiden, Rot und Schwarz zu verwenden, außer aus besonderem Anlass. Eine dunkle Blauschattierung hat eine andere Wirkung.

Rot entspricht dem ersten Grad von Bewusstsein, dem Drang zum Überleben. Schwarz ist Abwesenheit von Licht. Blau repräsentiert den zweiten Grad. Gelb oder Gold kommt durch den dritten Grad. Indem wir die Grenze überschreiten, kommen wir in die Nähe von Rosa, das der Anfang der Aktivität der Liebe ist. Von hier kommen wir zum Grün, dem fünften Grad. Der sechste ist Indigo, und der siebente ist Violett. Weiß repräsentiert immer das Licht der Großen Weißen Bruderschaft; jedoch gibt es auf der physischen Ebene eigentlich kein reines Weiß, da reines Weiß nur auf Inneren Ebenen vorkommt. Auf diese Weise seht ihr, dass Farben Ausdruck von sich entfaltendem Bewusstsein sind.

Euer Losungswort

Ich möchte, dass ihr euer Losungswort erinnert, das für alle Aktivitäten und Situationen immer dasselbe ist – und dieses Losungswort ist „ICH BIN". Indem ihr die volle Bedeutung dieser Worte versteht, hebt ihr euer Bewusstsein an, bis sich euch alle Dinge eröffnen. Wenn ihr euch dieser Worte, ICH BIN, bedient, könnt ihr jeden Ort im Universum willentlich besuchen. Alle Energie wird eurer Freisetzung von Bewusstsein folgen, wenn ihr diese Worte mit Liebe gebraucht. Dann wird euer Leben in die Göttliche Ordnung kommen. Wenn ich euch das sage, appelliere ich an euch, darauf zu achten und dafür zu sorgen, dass ihr diese Worte nicht leichtfertig gebraucht, da sie die stärkste Schwingung von allen Worten der englischen Sprache in sich tragen. Diese Worte sind Heilig, sind als Heiliges Vertrauen in eure Obhut gegeben. Gebraucht sie mit Ehrfurcht und Verständnis.

KAPITEL 21

BEGEGNUNG MIT SAINT GERMAIN
Ein Brief von Perry Beauchamp

Das folgende Geschehnis hat Miss Allbright aus Budapest erlebt und mir so erzählt, wie ich es hier wiedergebe. Miss Allbright lebte in New York City, zu der Zeit, als unsere geliebten Botschafter Mr. und Mrs. Ballard einen Kurs über die ICH BIN-Lehre im Mecca-Tempel in New York City gaben, und aus diesen Unterrichtsstunden wurden je 30 Minuten im Rundfunk gesendet. Miss Allbright hatte die Sendung gehört und kam in der Hoffnung, sie könne Mrs. Ballard zu einem Gespräch treffen, da aber keine Verabredung getroffen worden war, konnte sie Mrs. Ballard nicht unmittelbar sprechen; so sagte Miss Allbright, „Ich habe das Gefühl, ich sollte Ihnen einen Teil von dem erzählen, was ich Mrs. Ballard sagen wollte. Über dieses Erlebnis habe ich noch nie mit jemandem gesprochen."

Sie begann zu erzählen:

„Im Ersten Weltkrieg diente ich als Krankenschwester. Ich wurde hinausgeschickt zu einem Gebäude in der Nähe der Front, das als Krankenhaus verwendet wurde. Die verwundeten und sterbenden Männer lagen überall auf dem Boden herum, und Katzen und Ratten fraßen an ihnen. Es herrschte ein fürchterlicher Zustand, und der faulige Geruch an diesem Ort war schier unerträglich.

Ich hatte keine Hilfe, keine Nahrung, keine Versorgungsgüter, und keine Medikamente für die Männer, und ich wusste nicht, was ich tun sollte. Und als ich so fassungslos dastand, presste ich meine Lippen zusammen und sagte – oh, mein Gott! Wenn es denn einen Gott gibt! Für diese Männer kann doch bestimmt etwas getan werden!

Als ich mich umdrehte, um zu schauen, sah ich einen sehr, sehr Schönen Doktor, und er sagte, ‚Meine Liebe, kann ich Ihnen behilflich sein?'

Ich antwortete, ‚Oh ja, Herr Doktor! Ich brauche für diese Männer alles Mögliche. Sie werden alle sterben, wenn ich nicht sofort Hilfe bekomme. Ich brauche Betten! Ich brauche Nahrung! Ich brauche Verbandzeug und andere Versorgungsgüter! Ich brauche Ärzte! Ich brauche Schwestern! Ich brauche Medikamente!'

Dieser Wunderbare Schöne Doktor lächelte nur und sagte, ‚Nein, wir verwenden keine Medikamente.'

'Aber Herr Doktor', sagte ich, ‚Ich brauche Spritzen, um ihre Schmerzen zu lindern. Herr Doktor, sie werden sterben. Im Gehen zeigte ich auf bestimmte Männer und sagte, dass sie im Sterben liegen.

Und er sagte, ‚Nein, sie werden nicht sterben. Sie werden alle gesund.'

Als ich weiterging, bemerkte ich, dass das ganze Krankenhaus begann, nach *Rosen* zu duften. Und bevor er fortging, sagte er, ‚Ich werde sehen, was ich tun kann, um Ihnen zu helfen.'

Er fragte mich, ob ich gerne als Krankenschwester arbeitete, und ich sagte ihm, ‚Ja, wenn ich bloß was hätte, womit ich arbeiten könnte.'

Zu dieser Zeit lagen die Männer in einer fürchterlichen Verfassung überall auf dem Boden herum, aber innerhalb von vierundzwanzig Stunden, nachdem dieser Schöne Wunderbare Doktor dort gewesen war, war jeder Mann in einem Bett, waren die Schlafkojen human, drei Etagen hoch entlang den Wänden. Es gab Verpflegung, Versorgungsgüter, Schwestern, und alles war in vollkommenem Zustand. Ich weiß nicht, wie all das in das Krankenhaus kam, aber es war da, und die Männer sagten über die Wände, den Fußboden und die Decke, dass *alles violett aussähe.*

Als dieser Wundervolle Schöne Doktor das nächste Mal kam, bemerkte ich, dass er einen großen schwarzen Bart hatte. Als ich ihn so anschaute, gefiel mir das nicht. Er lächelte nur, sagte aber nichts. Und als er dann wieder kam, hatte er keinen Bart.

Nach jedem Besuch dieses Schönen Wundervollen Doktors sprachen die Männer davon, dass die Wände, der Boden und die Decke violett aussahen, und nach jedem Besuch alles tagelang nach Rosen duftete.

Nach vielen Tagen kamen schließlich die regulären Ärzte mit ihren fünfzehn oder zwanzig Begleitern, und als sie hereinkamen, gaben sie Anweisungen, die Männer für Operationen vorzubereiten. Und die Männer riefen, ‚Wir wollen nicht operiert werden, Wir wollen unsere Kleidung'.

Die Ärzte und die Begleiter wollten wissen, was mit den Männern los war, und was geschehen war, und die Männer antworteten, ‚Es war noch ein anderer Doktor hier, und wir wurden alle geheilt', und sie verlangten wieder ihre Kleidung. Die Ärzte und die Begleiter untersuchten die Männer. Zu ihrer Überraschung fanden sie die Männer alle geheilt vor und bereit, nachhause zu gehen.

„Also wollten die Ärzte mehr über diesen Schönen Wundervollen Doktor wissen, und befragten die Wachposten am Eingang. Und die Wachposten erklärten, es gab keinen Doktor, der hier reingekommen ist. Ich antwortete ihnen, dass ein Doktor dort war, und der Beweis dafür ist, dass alle Männer geheilt sind. Ich fragte die Wachposten, ‚Wie kamen all die Betten und Versorgungsgüter hier herein?' Und keiner von ihnen wusste irgendetwas darüber, wie diese Sachen hier hereingekommen waren.

Ich sagte weiter, ‚Ich weiß nicht, wie der Doktor hier hereinkam, und ich weiß nicht, wie er wieder hinauskam, aber ich weiß, dass er da war, und es gibt jede Menge Beweise dafür.' Sie waren verblüfft, bestätigten aber, dass *dieser gleiche Doktor auch in anderen Krankenhäusern gewesen war.*

Einmal, nach einem der Besuche dieses Wundervollen Schönen Doktors, traf ich eine Schwester, als ich durch die Tür kam, und sie trat sehr überrascht einen Schritt zurück, und sagte, ‚Oh,

Miss Allbright – was ist das?', und sie trat überrascht zurück und schaute wirklich sehr, sehr verblüfft drein, und ich fragte sie, warum sie sich so verhielt. Sie antwortete, ‚Da ist ein Großes Licht um Sie herum, sehen Sie das nicht?'

Ich antwortete, dass ich das nicht sah, und sie sagte nichts weiter."

Miss Allbright berichtete mir dieses Erlebnis, als wir in der Empfangshalle des Mecca Temple in New York City standen. Als sie sich umwandte und durch die Tür zur Bühne schaute, sah sie das Bild Unseres Geliebten Meisters, Saint Germain. Sie zeigte auf das Bild und sagte:

„Da ist das Bild von diesem Schönen Wundervollen Doktor, nur ist er so sehr viel schöner und wundervoller. Man hat nie so schöne Kleider und nie einen schönen Menschen gesehen, bis man diesen Wundervollen Schönen Doktor sieht!"

Als der Schöne Wundervolle Doktor das letzte Mal ins Krankenhaus kam, sagte er, ‚Was möchten Sie tun, wenn ihr Einsatz hier vorbei ist?'

Ich antwortete, ‚Nach Amerika gehen.' Er lächelte nur und sagte, ‚Nach Amerika gehen?', und sagte daraufhin nichts weiter. Dann sagte er, ‚Wenn Sie Hilfe brauchen, rufen Sie mich an, und ich werde Ihnen helfen.' Und ich sagte, ‚Wie soll ich Sie anrufen? Ich weiß noch nicht einmal Ihren Namen.' Er antwortete nichts, sondern lächelte nur.

Nachdem mein Einsatz zu Ende war und ich wieder zu Hause war, kam eines Tages ein sehr schöner Mann zu meiner Wohnung und sagte, ‚Wie möchten Sie reisen?'

Ich sagte ihm, ‚Zweite Klasse Überfahrt.'

Er sagte, ‚Haben Sie Freunde oder Verwandte in Amerika?'

Ich sagte, ‚Ich habe welche, weiß aber nicht, wo sie sind.'

Er ging fort, kam später zurück, und reichte mir einen Briefumschlag. Darin war ein Fahrschein für die Schiffsüberfahrt Zweiter Klasse nach New York und die Namen und Adressen meiner Leute in New York City. Ich kam so schnell ich konnte herüber, und bin seitdem hier. Ich habe nie zuvor jemandem von diesem Erlebnis erzählt. Ich hatte einfach das Gefühl, ich sollte Ihnen das erzählen, und ich hoffe, ich werde Mrs. Ballard treffen können."

Es wurde ein Termin vereinbart, und sie konnte Mrs. Ballard begegnen. Nachdem Miss Allbright mit der Schilderung dieses Erlebnisses fertig war, was gerade vor Beginn des Abendkurses war, hatte ich die Gelegenheit, Alta (Mrs. Perry Beauchamp) und Alice Bell am Büchertisch davon zu berichten. Als ich ihnen die Geschichte erzählte, *kam von oben herunter ein Lichtschein,* was bestimmt ein Hinweis von Unserem Gesegneten Meister Saint Germain war, dass diese Geschichte die Wahrheit war!

Einige Wochen danach fand ich eine Gelegenheit, diese Geschichte Mr. und Mrs. Ballard zu erzählen. Mr. Ballard sagte, es sei die Wahrheit, und Mrs. Ballard sagte, dass Miss Allbright ihr dieses Erlebnis genauso geschildert habe, wie ich es ihnen berichtet hatte.

Ungefähr ein Jahr danach wurde ich gebeten, diese Geschichte einer Zuhörerschaft von ungefähr dreitausend Leuten zu berichten. Es waren zwei Männer da, die während des Krieges in Budapest gewesen waren. Sie sagten, dass es über dieses Erlebnis einen Zeitungsbericht gegeben hatte, und die Wachleute vor Gericht gestellt worden waren, *weil sie nicht wussten, wie der Doktor in das Krankenhaus gekommen war!*

KAPITEL 22

Affirmationen der Meister

ICH BIN die Gegenwart von Saint Germain in Aktion!

*ICH BIN der Christus, Sohn des Lebendigen Gottes,
ICH BIN.*

Ich und der Vater sind Eins.

*ICH BIN das Schatzhaus des Universums,
das die Menschheit mit Überfluss Überschwemmt.*

*ICH BIN eine Mächtige Sonne des Lichts,
eine Mächtige Sonne der Freiheit,
eine Mächtige Sonne der Liebe, Weisheit und Kraft,
zur Erhaltung der Menschheit.*

*Oh, Große ICH BIN-Gegenwart,
Dein Wille geschehe, nicht meiner.*

ICH BIN der, der Ich in Gott war, vor Beginn der Welt.

ICH BIN die Gegenwart des Lebens überall.

Große Wunderbare Gegenwart, die ICH BIN, trete hervor!
Nimm aus mir und meiner Welt alle Unreinheit,
alte Gewohnheiten, Zweifel und Ängste,
und ersetze sie durch die Fülle des Lichts,
aufgeladen mit dem Bewusstsein
der Aufgestiegenen Meister.

ICH BIN der Feuer-Atem der Schöpfung.

ICH BIN die Reinigende Kraft
in jedem Atom meines Wesens,
die mich von aller Unvollkommenheit reinigt.

ICH BIN frei von allen falschen Gedanken und Begierden,
jetzt!

ICH BIN die volle Kraft des Lichts in Aktion,
Die meinen Geist, mein Wesen, meine Welt erfüllt,
und sich in die Welt der ganzen Menschheit ergießt.

ICH BIN die Kraft der Göttlichen Liebe,
Die die Herzen und den Geist der Menschen überall erfüllt.

ICH BIN die Siegreiche Gegenwart, Die diesen Zustand Erfasst, mit der vollen Kraft des Lichts in Aktion.

ICH BIN die Mächtige Siegreiche Gegenwart Gottes, Die in und durch alle Zustände wogt, und meinen Weg zum Sieg in allen Dingen freimacht.

ICH BIN die Gebietende und Regierende Gegenwart der Vollkommenheit, die in und durch Alles hindurchwogt, Das getan werden muss.

ICH BIN Siegreich, in allem, was ich tue.

ICH BIN Meister meiner Welt.

ICH BIN die Gegenwart Gottes, Die alle Dinge weiß, alle Dinge tut, alle Dinge ist.

Sei Ruhig und wisse, ICH BIN der Meister hier.

ICH BIN die Siegreiche Gegenwart, Die vor mir hergeht und immer Vollkommenheit hervorbringt.

ICH BIN Licht! Licht! Licht!

ICH BIN Liebe! Liebe! Liebe!

ICH BIN Gott! Gott! Gott!

ICH BIN der ICH BIN der ICH BIN.

ICH BIN alle Dinge, die ich zu sein wünsche.

*Du Großes ICH BIN, Du Höchste Quelle allen Lebens,
Ich anerkenne Dich und gebe Dir in Obhut mein Leben,
meine Energie, meine Substanz.
Von nun an gibt es nur Dich.*

ICH BIN das, das ich zu werden wünsche.

*ICH BIN die Erfüllung meiner Bestimmung auf der Erde,
jetzt.*

ICH BIN der Sieg des Lichts.

Weitere Bücher von Peter Mt. Shasta

ICH BIN die Offene Tür. 14 Reden der Aufgestiegenen Meister über den Gott im Innern, Ch.falk-Verlag, 2012.

Amerikanischer Titel:

„I AM" the Open Door, Pearl Publishing, 1978.

Abenteuer eines Westlichen Mystikers

Band 1: ***Suche nach dem Guru***, BoD, 2015.

Band 2: ***Im Dienst der Meister***, BoD, 2015.

Amerikanischer Titel:

Search for the Guru. Prequel to *Adventures of a Western Mystic, Apprentice to the Masters*, Church of the Seven Rays, 2013.

Adventures of a Western Mystic: Apprentice to the Masters, Church of the Seven Rays, 2010.

ICH BIN Affirmationen und das Geheimnis ihrer erfolgreichen Anwendung, BoD, 2015.

Amerikanischer Titel:

„I AM" Affirmations and the Secret of Their Effective Use, Church of the Seven Rays, 2012.

Lady Master Pearl. In Erinnerung an meine Lehrerin Pearl Dorris. BoD, 2016.

Amerikanischer Titel:

Lady Master Pearl. My Teacher, Church of the Seven Rays, 2015.

In Tibet auf der Suche nach dem geheimnisvollen wunscherfüllenden Juwel, BoD, 2017.

Amerikanischer Titel:

My Search in Tibet for the Secret Wish-Fulfilling Jewel, Church of the Seven Rays, 2017.

ICH BIN der Lebendige Christus. Die Lehren von Jesus Christus, BoD, 2017.

Amerikanischer Titel:

I AM the Living Christ. Teachings of Jesus. Church of the Seven Rays, 2017.

Möchten Sie mit Peter Mt. Shasta Kontakt aufnehmen, besuchen Sie bitte seine Internetseite und seinen Blog unter: www.ich-bin-lehre.com.

CPSIA information can be obtained
at www.ICGtesting.com
Printed in the USA
LVHW091616120120
643354LV00001B/357/P